Uma história do
pensamento histórico
do século XIX

O selo DIALÓGICA da Editora InterSaberes faz referência às publicações que privilegiam uma linguagem na qual o autor dialoga com o leitor por meio de recursos textuais e visuais, o que torna o conteúdo muito mais dinâmico. São livros que criam um ambiente de interação com o leitor – seu universo cultural, social e de elaboração de conhecimentos –, possibilitando um real processo de interlocução para que a comunicação se efetive.

Uma história do pensamento histórico do século XIX

Fábio Frizzo

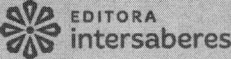

EDITORA intersaberes

Rua Clara Vendramin, 58 . Mossunguê . CEP 81200-170 . Curitiba . PR . Brasil
Fone: (41) 2106-4170 . www.intersaberes.com . editora@editoraintersaberes.com.br

Conselho editorial
  Dr. Ivo José Both (presidente)
  Dr.ª Elena Godoy
  Dr. Neri dos Santos
  Dr. Ulf Gregor Baranow

Editora-chefe
  Lindsay Azambuja

Supervisora editorial
  Ariadne Nunes Wenger

Analista editorial
  Ariel Martins

Preparação de originais
  Belaprosa

Edição de texto
  Arte e texto edições e revisões
  Palavra do Editor
  Floresval Nunes Moreira Junior

Capa
  Sílvio Gabriel Spannenberg (*design*)
  studiolaska/Shutterstock (imagem)

Projeto gráfico
  Bruno de Oliveira

Diagramação
  Estúdio Nótua

Equipe de design
  Mayra Yoshizawa
  Laís Galvão

Iconografia
  Celia Suzuki
  Regina Claudia Cruz Prestes

Dados Internacionais de Catalogação na Publicação (CIP)
(Câmara Brasileira do Livro, SP, Brasil)

Frizzo, Fábio
  Uma história do pensamento histórico do século XIX/Fábio Frizzo.
Curitiba: InterSaberes, 2019.

  Bibliografia.
  ISBN 978-85-5972-894-1

  1. Ciências – Filosofia 2. Ciências – História 3. História – Teoria
4. Historiografia 5. Pensamento – História I. Título.

18-20038   CDD-907.2

Índices para catálogo sistemático:
1. História e historiografia 907.2
Maria Alice Ferreira – Bibliotecária – CRB-8/7964

1ª edição, 2019.

Foi feito o depósito legal.

Informamos que é de inteira responsabilidade do autor a emissão de conceitos.

Nenhuma parte desta publicação poderá ser reproduzida por qualquer meio ou forma sem a prévia autorização da Editora InterSaberes.

A violação dos direitos autorais é crime estabelecido na Lei n. 9.610/1998 e punido pelo art. 184 do Código Penal.

Sumário

11 *Prefácio*

15 *Apresentação*

19 *Organização didático-pedagógica*

Capítulo 1
23 **História, historiografia e pensamento histórico**

(1.1)
25 Tempo e consciência histórica?

(1.2)
27 Os conceitos de história, historiografia e consciência histórica

(1.3)
30 Para que serve a história? O papel social da história e da historiografia

(1.4)
36 Como se faz a história? Teoria e método

Capítulo 2
47 **A herança iluminista e a filosofia da história**

(2.1)
49 O Iluminismo e a noção de progresso

(2.2)
55 A história no Iluminismo francês

(2.3)
63 A Escola Escocesa

(2.4)
72 A filosofia da história na Alemanha: Kant e Hegel

(2.5)
82 A historiografia anglo-saxã

Capítulo 3
95 **O romantismo e o surgimento da história erudita**

(3.1)
97 O romantismo e o surgimento das nações

(3.2)
104 A historiografia erudita na França de Thierry a Fustel de Coulanges

(3.3)
114 A concepção *whig* da história

Capítulo 4
121 A institucionalização da história como ciência e campo acadêmico

(4.1)
123 O historicismo alemão

(4.2)
153 A Escola Metódica Francesa

(4.3)
162 A institucionalização da história anglo-saxã

(4.4)
168 Burckhardt e a história da cultura

Capítulo 5
179 O materialismo histórico e a visão de história no marxismo do século XIX

(5.1)
181 O contexto do surgimento do materialismo histórico

(5.2)
186 A obra inicial de Marx e Engels

(5.3)
195 A concepção materialista da história

233 *Considerações finais*
239 *Referências*
247 *Bibliografia comentada*
253 *Respostas*
259 *Sobre o autor*

A Ciro Cardoso (*in memoriam*), minha estrutura,
e Camila Pinheiro, meu teto.

Prefácio

Desde sua institucionalização como disciplina, a História sempre manteve uma relação tensa com a reflexão teórica. Ainda que devessem muito às filosofias da história que se desenvolveram desde o Iluminismo, a partir do qual se formularam as bases racionais e filosóficas de uma concepção de história secular e universal, os historiadores acabaram vinculando sua identidade e seu trabalho muito mais à dimensão empírica dos documentos e dos arquivos do que à abstração dos conceitos. Leopold von Ranke, considerado o pai da disciplina histórica moderna, encarava com desconfiança as elucubrações filosóficas de seu contemporâneo e conterrâneo, o filósofo Friedrich Hegel, acerca da "razão da história". Para Ranke, o único modo de garantir a cientificidade do relato histórico era o historiador se apagar diante dos fatos revelados pelos documentos. Essa imersão erudita nos arquivos, como uma verdadeira imersão no passado, iria moldar a figura profissional do historiador durante todo o século XIX e parte do século XX.

A forte vinculação entre a disciplina histórica e essa visão de uma objetividade dos fatos garantida pelos documentos, isentando o historiador de maior justificação teórica acerca de seu trabalho, só foi possível graças ao papel social ocupado pela disciplina no processo de constituição dos Estados-nação. Até o século XVIII, os relatos históricos eram entendidos como apenas mais um gênero retórico entre outros, e não havia distinção entre historiadores profissionais e amadores. Do mesmo modo, não existia uma função de legitimação da soberania política para os escritos históricos. Um rei de Portugal, por exemplo, não precisava que seus súditos, espalhados por territórios em diferentes continentes, compartilhassem alguma forma de identidade histórica como condição de reconhecimento da autoridade do Estado monárquico. Foi somente no século XIX, quando emergiram os Estados-nação pautados na ideia de "representatividade", que a necessidade de um discurso sobre o passado entrelaçou-se diretamente com a legitimidade política. Quando distintas histórias poderiam acarretar diferentes formas de soberania aos Estados, impôs-se a necessidade de controlar e disciplinarizar os relatos históricos, a fim de evitar o que o historiador francês Fustel de Coulanges denominou de *guerra civil historiográfica*. Essa vinculação a uma função política, que produziu a disciplinarização da História e motivou seu ensino obrigatório, garantiu aos historiadores um lugar institucional relativamente estável, sem que precisassem justificar teoricamente a legitimidade de seu saber (diferente do que ocorreu, por exemplo, com a Sociologia).

Foi apenas com o processo de autonomização da disciplina em face dos interesses mais diretos do Estado que o historiador começou a problematizar de modo mais sistemático seu lugar de enunciação e os diferentes usos políticos do passado elaborados pela disciplina e pelo sistema de ensino. A busca das origens, a narrativa eminentemente política da história e a construção da identidade nacional passaram a ser identificadas como tarefas das quais a disciplina histórica deveria se afastar ou que, pelo menos, deveria tornar mais complexas em suas formas de elaboração. "Uma história que serve é uma história serva", diria Lucien Febvre. Desde autores como Jacob Burckhardt, passando pelas primeiras gerações dos *Annales* e pelos historiadores marxistas, a disciplina histórica passou a requerer algum grau de elaboração teórica para justificar seus objetos, seus métodos, suas narrativas e suas implicações sociais.

É esse processo, configurado por dinâmicas tanto internas à disciplina como externas a ela, que marca a própria historicidade da teoria da história, ou seja, as formas como produzimos história e pensamos ao mesmo tempo sobre essa produção estão vinculadas à nossa própria experiência histórica como sujeitos pertencentes a um tempo e a um lugar. A relação entre teoria e prática, portanto, mostra-se como um aspecto essencial ao trabalho do historiador, explicitando e problematizando seu modo de produção e as implicações sociais de suas narrativas.

Um dos elementos mais fundamentais ao trabalho do historiador, a temporalidade, ganha aí um papel essencial. Usado tradicionalmente apenas como uma ferramenta de classificação, demarcando datas e "épocas", o tempo passa a ser entendido como dotado ele próprio de historicidade. As pessoas e as sociedades vivem e concebem o tempo de modos muito distintos. Pensar a disciplina histórica não deixa de ser, ao mesmo tempo, pensar sobre os modos como vivemos e elaboramos nosso tempo, o tempo de nossa sociedade. Por isso, torna-se fundamental ao trabalho do historiador uma aproximação constante com as reflexões teóricas, incorporando-as em seu trabalho, seja de pesquisa, seja de ensino. Afinal, como a própria história da disciplina nos mostra, narrar o passado implica sempre também projetar o futuro, pois a maneira como organizamos nosso passado define em grande medida os modos possíveis de elaboração de nosso futuro – tarefa ainda mais fundamental em uma época na qual o tempo parece perder a estabilidade.

Fábio Frizzo

Em nosso tempo, o futuro apresenta-se como catastrófico, o passado como um conjunto esvaziado de referências, e vivemos cada vez mais confinados em um presente devorador, sempre pressionados a estar atualizados. A necessidade de produzir novos vínculos temporais, relacionando as dimensões do passado, do presente e do futuro, nunca foi tão urgente; e justamente por isso também a necessidade de o historiador e os professores de História refletirem sobre as condições históricas de seu trabalho, assim como sobre suas possibilidades de futuro.

É nesse sentido que o presente livro de Fábio Frizzo mostra sua importância, ofertando um texto claro e preciso acerca de momentos-chave dos caminhos pelos quais passou o pensamento histórico moderno. Ao revelar as dimensões de nossa herança como historiadores, a obra permite que nos tornemos herdeiros capazes de canalizar o potencial desse passado na criação de novos horizontes históricos.

Rodrigo Turin
Universidade Federal do Estado do Rio de Janeiro (Unirio)

Apresentação

> *O passado é um imenso pedregal que muitos gostariam*
> *de percorrer como se de uma autoestrada se tratasse,*
> *enquanto outros, pacientemente, vão de pedra em pedra,*
> *e as levantam, porque precisam de saber o que há por*
> *baixo delas.*
>
> José Saramago

Uma das principais características da forma humana de lidar com a natureza é a apropriação particular que fazemos dos elementos presentes no Universo. Seguindo esse princípio, nomeamos tudo aquilo que observamos, ouvimos, sentimos, das coisas mais concretas – como pedras, árvores, animais – às mais abstratas – como sentimentos, aspirações e conceitos. A relação humana com as grandezas físicas não é diferente. Logo, aprendemos a nos apropriar do tempo (que é muito anterior à humanidade), num processo que o explica ao mesmo tempo que o humaniza.

Tal como nós mesmos, nossa visão acerca do tempo – e de todo o restante de nossas experiências – é mutável, e nossa forma de lidar com nossas experiências e expectativas está associada diretamente ao modo como pensamos nossa trajetória histórica. Atualmente, o conhecimento histórico é algo profissionalizado e que busca encarar o passado como um elemento a ser explicado a partir do presente e visando à construção do futuro. Este é o ponto de partida deste livro. O pensamento histórico é também, ele mesmo, historicamente mutável e serve aos propósitos da sociedade que o criou. A compreensão da relação entre a sociedade e sua maneira de encarar o tempo é o que buscaremos explicar.

A melhor forma de iniciar um trabalho como este é indicando as perguntas às quais ele busca responder. Ao final da obra, leitoras e leitores devem ser capazes de identificar, por exemplo, por quais motivos devemos estudar especificamente a história do pensamento histórico construído no século XIX e quais usos essas maneiras próprias de encarar e registrar nossas ações no tempo tiveram em nossa sociedade.

Para possibilitarmos o alcance de tais objetivos, estruturamos este livro em cinco capítulos. O primeiro deles está destinado ao procedimento conhecido na academia como "limpeza do terreno conceitual". Em outras palavras, buscaremos desenvolver os elementos básicos necessários para a compreensão dos processos discutidos ao longo de toda a obra, respondendo brevemente a questões como: De que maneira percebemos o tempo? O que são a história, o pensamento histórico e a historiografia? Como são produzidos? Para que servem?

A partir do segundo capítulo, iniciaremos nossa trajetória temporal para demonstrar as modificações ocorridas no pensamento histórico e na historiografia que desembocaram no modelo que se consolidou no século XIX. Para isso, será preciso recuar um pouco no tempo e considerar as mudanças elaboradas pelos intelectuais iluministas do século XVIII e que serviram de base para o que se constituiu posteriormente.

No terceiro capítulo, mostraremos os primeiros elementos do pensamento histórico característico do século XIX, discutindo a visão historiográfica do romantismo e da escola erudita, de modo a descrever os primeiros passos da institucionalização da análise do passado como campo e pesquisa. No quarto capítulo, examinaremos, de maneira detalhada, os processos que transformaram a história numa ciência instituída como carreira nas universidades, com uma metodologia específica, e ensinada nas escolas.

No último capítulo, apresentaremos uma perspectiva de pensamento histórico desenvolvida basicamente fora da academia, surgida em meio aos conflitos dos movimentos sociais. Tal perspectiva esteve voltada a uma união entre teoria e prática e à definição de uma análise histórica direcionada conscientemente à mudança social. Por fim, encerraremos com uma breve conclusão, cujo objetivo é sintetizar as respostas delineadas durante o desenvolvimento da obra.

Boa leitura!

Fábio Frizzo

Organização didático-pedagógica

Esta seção tem a finalidade de apresentar os recursos de aprendizagem utilizados no decorrer da obra, de modo a evidenciar os aspectos didático-pedagógicos que nortearam o planejamento do material e como o aluno/leitor pode tirar o melhor proveito dos conteúdos para seu aprendizado.

Introdução do capítulo

Logo na abertura do capítulo você é informado a respeito dos conteúdos que nele serão abordados, bem como dos objetivos que o autor pretende alcançar.

Síntese

Você conta, nesta seção, com um recurso que o instigará a fazer uma reflexão sobre os conteúdos estudados, de modo a contribuir para que as conclusões a que chegou sejam reafirmadas ou redefinidas.

Atividades de autoavaliação

Com estas questões objetivas, você tem a oportunidade de verificar o grau de assimilação dos conceitos examinados, motivando-se a progredir em seus estudos e a se preparar para outras atividades avaliativas.

Atividades de aprendizagem

Aqui você dispõe de questões cujo objetivo é levá-lo a analisar criticamente determinado assunto e aproximar conhecimentos teóricos e práticos.

Bibliografia comentada

Nesta seção, você encontra comentários acerca de algumas obras de referência para o estudo dos temas examinados.

Fábio Frizzo

Capítulo 1
História, historiografia e pensamento histórico

Como percebemos o tempo? De que maneira construímos o passado e quais são suas funções em nossa vida? Quais são as ligações entre passado, presente e futuro? Neste capítulo, discutiremos algumas questões que devem servir como pressupostos para a compreensão do tipo de pensamento histórico criado na Europa do século XIX e generalizado como a forma socialmente mais correta de se construir o passado no âmbito do que podemos chamar genericamente de *matriz cultural "ocidental"*. Abordaremos, ainda, os elementos conceituais básicos ligados ao fazer historiográfico moderno, buscando esclarecer seus papéis e sua importância para a manutenção ou a modificação das estruturas sociais vigentes.

(1.1)
TEMPO E CONSCIÊNCIA HISTÓRICA?

Com que frequência você se questiona sobre o papel do passado e a percepção que tem da temporalidade? Embora a percepção do tempo seja uma característica generalizada no mundo animal, a compreensão humana é singular, a ponto de alguns neurologistas afirmarem que somos a única espécie com capacidade de fazer "viagens mentais no tempo", ou seja, somos capazes de relembrar o passado e projetar o futuro. Essa habilidade teria se desenvolvido de modo complexo há apenas cerca de 60 mil anos, no contexto da "revolução do Paleolítico Superior", ao passo que a forma atual da espécie humana existe há aproximadamente 300 mil anos.

O desenvolvimento da capacidade de abstração, impulsionado pela ampliação da linguagem, possibilitou que os humanos encarassem sua experiência com o tempo de uma nova maneira. Nas palavras do arqueólogo V. G. Childe (1942), foi nesse momento que surgiu o que conhecemos como *raciocínio*, ou seja, a capacidade de resolver problemas materiais sem passar pelo processo de tentativa e erro. Isso significa utilizar o domínio das memórias do passado para traçar possibilidades de futuro. Alguns neurologistas identificam essse fator à consciência, ao defini-la como a habilidade de fazer planos garantindo vantagem sobre o ambiente.

Somos, portanto, a única espécie do planeta a construir de forma retrospectiva e dar sentido à sua trajetória no tempo, o que está relacionado à nossa aptidão única para o pensamento abstrato. É por meio dele que somos capazes de estruturar nossa percepção natural da mudança ao nosso redor e experimentar de modo uníssono as dimensões que criamos para a temporalidade: passado, presente e futuro.

A unicidade das dimensões temporais se constitui na orientação do agir humano como uma atitude natural. Nossas memórias se estabelecem como um arquivo de experiências (passado) necessárias para guiar nossas escolhas do que fazer (presente) com vistas a alcançar determinado objetivo (futuro). Esse processo foi chamado por Jorn Rüsen (2001) de *consciência histórica* e é o elemento articulador do pensamento histórico humano.

A mudança no tempo é um fator natural e inexorável para todo o Universo. Seres vivos e elementos inanimados sofrem a ação do tempo, materializada na mudança. A impossibilidade de dominar o tempo e suas consequências inevitáveis – como a morte – é, certamente, uma fonte de angústia para nós, seres humanos. Da incapacidade de controlar as contingências da passagem do tempo surge a forma humana de lidar com ele, apropriando-se dele na vida prática para orientar nossas ações. Ao dar ao tempo um propósito, esse processo humaniza o tempo natural, garantindo à humanidade algum domínio sobre o panorama temporal.

A experiência temporal humana é, pois, obrigatoriamente aquela de criação de sentido ou propósito. Nossas experiências do passado são acessadas sempre a partir de estímulos do presente para nos guarnecermos dos elementos necessários às nossas ações. Ao efetuarmos essa operação, criamos um sentido para o desenrolar do tempo inseparável do propósito, consciente ou inconsciente, que nos levou a essa empreitada.

Toda natureza é historicamente mutável. Consequentemente, ainda que a experiência temporal seja algo característico da natureza humana, diferentes sociedades compreenderam e compreendem o tempo de maneiras distintas. Foi no século XIX que se consolidou a maneira como percebemos o tempo hoje – algo linear e vetorial, que se dirige progressiva e inexoravelmente do passado ao futuro, passando pela fugacidade do presente. Outras sociedades, contudo, apresentam outras formas de percepção, como interpretações cíclicas do tempo, nas quais o futuro pode ser um retorno ao passado, por exemplo.

De qualquer maneira, lidar com o passado é uma constante humana. A construção de narrativas que costuram as dimensões temporais do passado, do presente e do futuro é algo que nos constitui como seres humanos. Assim, todas as sociedades elaboraram relatos sobre seu passado que servem como genealogias do presente. Em nossa sociedade, isso recebe o nome de *história*.

(1.2)
OS CONCEITOS DE HISTÓRIA, HISTORIOGRAFIA E CONSCIÊNCIA HISTÓRICA

Uma das questões fundamentais a serem encaradas quando pensamos em *história* é a polissemia desse termo. Há pelo menos três significados modernos para *história*. O primeiro remete ao somatório de tudo aquilo que posicionamos na dimensão temporal do passado. Se tomarmos a definição clássica de um autor como Marc Bloch (2001), podemos restringir a história que interessa ao nosso campo de estudo apenas ao passado humano, diferenciando-se, por exemplo, da história natural e geológica.

Todavia, a associação do historiador ao ogro que está onde fareja carne humana não esgota os sentidos da palavra *história*. O segundo significado para o termo é justamente o de relatos elaborados por homens e mulheres sobre as experiências do passado. Logo, podemos afirmar que a história (registro ou narrativa) é constituída com base na história (experiências do passado).

Por fim, resta o mais moderno dos significados: aquele relacionado às operações de pesquisa sobre o passado humano e que dá nome a uma disciplina institucionalizada. Nesse sentido, a história designa os processos pelos quais os seres humanos analisam os distintos registros de suas experiências no passado. Ou seja, pesquisadores e pesquisadoras fazem história (análise do passado) construindo uma história (registros ou narrativas do passado) para desvelar a história (experiências do passado).

Há, no entanto, uma forma de simplificar a compreensão desse processo dando maior precisão à terminologia utilizada. Vamos começar pelo termo-chave de título de nosso livro: **pensamento histórico**.

O que é pensar historicamente? Pode significar qualquer ação que implique consciência histórica. Partindo desse princípio, ao acessarmos nossas memórias do passado, para orientar nossas ações no presente e nossas intenções de futuro, estaríamos, de algum modo, pensando historicamente, isto é, articulando passado, presente e futuro. Entretanto, não é bem essa definição que utilizamos aqui. Para nossos fins nesta obra, o pensamento histórico está mais associado à reflexão que homens e mulheres fazem sobre as diferentes formas utilizadas pelas sociedades para pensar suas experiências temporais. Como vimos, a maneira de observar o tempo é historicamente determinada, e isso pode resultar em diferentes elaborações intelectuais acerca de como percebemos o passado e sua relação com o presente e o futuro. Portanto, mais do que compreender o pensamento histórico como o acesso ao nosso arquivo de memórias, trabalharemos aqui com uma definição voltada às reflexões acerca da produção, da institucionalização e do uso coletivo dessas memórias.

O controle sobre as narrativas das experiências do passado sempre esteve ligado a questões relativas à distribuição desigual do poder nas sociedades. Desde quando existiam apenas relatos orais do que havia acontecido com as gerações anteriores, sempre existiu uma seleção para justificar e transmitir aquilo que era considerado importante (num processo similar ao que ocorre com nossa memória, que registra apenas os elementos mais úteis de nossas experiências).

Como veremos no decorrer deste livro, os historiadores e historiadoras do século XIX, ao criarem os parâmetros para a pesquisa histórica institucionalizada, escolheram os registros escritos elaborados pelos diferentes povos como vestígios privilegiados para o estudo do passado. Essa opção se associou à diferenciação estabelecida entre Pré-História e História, e o período estudado por esta última seria iniciado com o surgimento da escrita.

Nas primeiras civilizações, a escrita e a capacidade dela decorrente de garantir a memória sobre o passado eram elementos de poder controlados por um pequeno grupo da classe dominante. Nesse contexto, surgiram os primeiros relatos escritos sobre a história. Chamamos essa escrita do passado de **historiografia**.

O termo *historiografia*, todavia, tem outro significado atualmente. Não é incomum encontrar referências à historiografia com o sentido de história das maneiras como foram pesquisados e escritos os relatos sobre o passado. Para fins de esclarecimento, nesta obra, trataremos o termo com o sentido tradicional de relatos escritos sobre o passado. As diferentes formas de escrever esses relatos serão chamadas aqui de **história da historiografia**. Portanto, mais do que versar sobre uma história do pensamento histórico no século XIX, trabalharemos com uma história da historiografia produzida nesse período e as reflexões dela decorrentes.

(1.3)
Para que serve a história? O papel social da história e da historiografia

Qual é sua memória mais antiga? Desde quando você se lembra de se recordar de seu passado? As pesquisas neurológicas mais recentes identificaram que a habilidade de lembrar o passado e projetar o futuro é desenvolvida nos seres humanos por volta dos 5 anos de idade. A partir de então, começamos a refletir e a usar conscientemente nossas memórias para constituir nossa identidade e planejar nossas ações no mundo. É aí que passamos a saber quem somos. Somos o que experimentamos, as coisas que aprendemos (diretamente ou pelo que nos ensinam), o que descobrimos gostar, em quem decidimos confiar e tudo aquilo que nos afeta.

Se generalizarmos o modelo individual e entendermos a história de determinado grupo humano como uma memória coletiva instituída, poderemos chegar à conclusão mais básica de que a história serve para nos auxiliar a construir quem somos, a orientar como agimos e a indicar caminhos para ir aonde desejamos.

A memória – individual ou coletiva – não é composta de uma simples coleção de experiências do passado; seu processo de composição é bastante sofisticado e complexo. A elaboração de recordações é constituída de maneira inseparável do uso que essas memórias podem ter para cada um de nós, além do fato de que as lembranças são reconstruídas cada vez que as acessamos. Tudo isso pode ser pensado no âmbito dos usos de nossos relatos sociais sobre o passado.

Considerando-se a realidade humana como composta estruturalmente de experiências sociais, é necessário observar que desde sempre temos passado à frente os conhecimentos construídos pelas vivências de nossos antepassados. Isso criou para nós uma memória coletiva muito maior do que aquela que desenvolvemos individualmente, igualmente disponível para orientar nossas ações. Como demoramos centenas de milênios até encontrar o suporte da escrita para a consolidação dos relatos dessas vivências, na imensa maioria de nossa vida como espécie no planeta utilizamos principalmente a tradição oral para a transmissão desse conhecimento.

A tradição oral, portanto, foi constantemente elaborada e reelaborada para transmitir aquilo considerado relevante para dada sociedade. Ao se passar esse conhecimento adiante, ele era automaticamente justificado: era transmitido porque seria importante e útil que aquilo fosse recordado. Esses relatos orais tomavam várias formas – mitologias, poesias, fábulas, provérbios –, mas sempre com a finalidade, consciente ou não, de instruir.

O acesso a diferentes tradições orais gerava um sentimento de pertencimento, uma identidade, assim como relembrar as histórias específicas que nossos avós nos contavam fortalece nossos laços familiares. Dessa maneira, podemos afirmar que nossas memórias coletivas constituem uma genealogia, ou seja, traçam nossas origens e justificam quem somos e como agimos.

Como vimos, mesmo esses relatos orais já estavam ligados a dinâmicas sociais de poder quando se escolhia o que era ou não essencial transmitir para as novas gerações. Um autor importante como Julio Aróstegui (2006, p. 43) afirmou que a história (os relatos sobre o passado) nasceu a serviço do poder e a ele sempre esteve subordinada, diferentemente de outros conhecimentos, como a astronomia, a geografia e a matemática. Embora o historiador esteja correto em relação à subordinação da história ao exercício do poder, não há por que acreditar que os demais campos do conhecimento estejam desconectados dos conflitos sociais. Assim como a história, o controle das informações sobre a astronomia, a geografia e a matemática também pode ser e foi utilizado como ferramenta de dominação.

O uso das genealogias para justificar o poder das classes dominantes é muito óbvio desde os primeiros momentos da invenção da escrita e seu emprego para registrar o passado. Entre as primeiras fontes historiográficas (relatos escritos sobre o passado) elaboradas estão as listas de monarcas, utilizadas exatamente para justificar o posto daqueles que detinham o poder por meio dos vínculos familiares com antepassados e, em última instância, com as próprias divindades criadoras do mundo. A história em seu início estava, portanto, ligada de forma inseparável à mitologia. Não havia fronteiras entre o passado humano e o passado divino.

Como forma de justificar o poder, a história é usada, em geral, para a manutenção das estruturas e, consequentemente, constrói um sentido de continuidade. Em sociedades antigas, como as do Egito e da Mesopotâmia, mesmo quando havia mudança dinástica, os registros buscavam meios de acentuar a perspectiva de uma continuidade. Criava-se, assim, uma linha entre passado, presente e futuro. A construção de tais linhas tem raízes bastante profundas, que aparecem em nosso desenvolvimento histórico-natural, já que elas surgem em nossas operações cerebrais. Com base na análise de ressonâncias magnéticas, neurologistas puderam constatar que as áreas ativadas em nosso cérebro ao resgatarmos uma lembrança também são mobilizadas no momento em que projetamos um futuro (ainda que a segunda operação necessite da ação conjunta de outras regiões). Assim, a memória individual e a social (história) funcionam de maneiras semelhantes, no processo descrito pelo historiador catalão Josep Fontana (1998, p. 9) da seguinte maneira: "Toda visão global da história constitui uma genealogia do presente. Seleciona e ordena fatos do passado de forma que conduzam em sua sequência até dar conta da configuração do presente, quase sempre com o fim, consciente ou não, de justificá-la".

O conceito de **visão de mundo** utilizado por Fontana (1998) pode ser desmembrado em três elementos. O primeiro deles é a própria história, que aparece como determinada ordenação do passado voltada para justificar a realidade existente no presente. Logo, nesse sentido a história tem sua principal função social naquilo que é normalmente apontado pelo senso comum: é necessário conhecer o passado para entender o presente. As coisas são como são porque ocorreram de determinada maneira que nos levou obrigatoriamente ao estado atual delas.

O segundo componente da visão de mundo é o que o autor catalão chamou genericamente de *economia política*, que significa uma explicação da realidade do presente de forma a racionalizar e justificar seu funcionamento. Isso inclui, por exemplo, apresentar uma razão para as desigualdades e lógicas de exploração que funcionaram nos mais distintos contextos histórico-sociais. Essa "economia política" obviamente é vista como o resultado natural da evolução histórica.

O terceiro e último elemento apontado por Fontana (1998) é um projeto de futuro expresso em uma proposta política. Em geral, tal projeto aparece como uma continuidade das relações do presente, que são justificadas pelo desenrolar histórico do passado.

Consequentemente, a visão de mundo, vista de outra maneira, seria a racionalização de um traçado unilinear do tempo, que conecta de forma vetorial passado, presente e futuro.

O que é importante ressaltar é que, em decorrência do caráter diverso e conflitivo das sociedades humanas, há múltiplas visões de mundo em embate. Cada uma delas é ligada a um grupo social e batalha pela hegemonia, ou seja, pela capacidade de convencer a maioria de que é a forma correta de se olhar para o passado, de se explicar o presente e de se planejar o futuro.

As partes da visão de mundo são incompreensíveis se analisadas de forma separada. Somente no conjunto é que se pode compreender o movimento dessa linha temporal. Todavia, Fontana (1998) argumenta que, no momento em que determinado grupo da sociedade chega ao poder e alcança a hegemonia, a visão de mundo perde sua utilidade como ferramenta de crítica ao sistema social e passa a ser usada para sua manutenção. Nesse momento, para auxiliar melhor na tarefa, o grupo que elabora e defende a visão de mundo passa a apresentá-la de maneira fragmentada.

A fragmentação acaba por constituir uma compreensão separada e especializada das esferas temporais. A história passa a ser definida como uma narração objetiva do passado, completamente descolada e desinteressada do funcionamento do presente e das tomadas de atitude em relação ao futuro. A "economia política", que explica a realidade do presente, da mesma maneira aparece como deslocada dos contextos anteriores de disputa entre diferentes projetos com vistas a distintos futuros. Defende-se que o presente está sendo explicado de forma isenta e "científica", achatando a dimensão temporal a um eterno presente contínuo, ou seja, as coisas são como são porque sempre foram e sempre serão assim. Por fim, os projetos de futuro existentes resumem-se a tentativas de executar no máximo pequenos ajustes para resolver problemas no presente, ou, nas consagradas palavras do escritor italiano Giuseppe Tomasi di Lampedusa em seu romance *O Leopardo*, "mudar para que tudo fique como está".

Se, como anunciado na seção anterior, nosso objetivo neste livro é fazer uma história da historiografia do século XIX, cabe perguntar a qual visão de mundo estamos associados nessa empreitada. Em outras palavras, pode-se questionar sobre o "lugar de fala" da presente obra, sua compreensão de sociedade e projeto de futuro.

Um primeiro passo nesse sentido é assumir a posição periférica que a produção historiográfica brasileira desempenhou no cenário internacional desde os contextos históricos analisados neste volume, ou seja, a partir da institucionalização da visão moderna e profissional do fazer historiográfico. Os manuais tradicionais sobre a historiografia do século XIX preocupam-se quase que exclusivamente com o desenrolar das dinâmicas de institucionalização da história no que se considerou como seu berço: nações da Europa Ocidental, como Alemanha, França e Grã-Bretanha (somando-se, em alguns casos, os Estados Unidos da América).

Pode-se afirmar, portanto, que a história como modalidade de discurso e prática científicos é uma criação europeia. Como resultado, as análises da historiografia relativas a esse período foram pesadamente eurocêntricas e os pressupostos historiográficos desenvolvidos em parte da Europa oitocentista foram assumidos de maneira mais ou menos tributária em todo o mundo.

O cenário de uma historiografia eurocêntrica estendeu-se bastante além dos limites do século XIX, de maneira que na década de 1960 ainda era aceitável para um professor de História Moderna da Universidade de Oxford afirmar a inexistência de uma história da África Negra:

Fábio Frizzo

os universitários, seduzidos, como sempre, pelo ar progressista da moda jornalística, reclamam o ensino da história da África Negra. No futuro, talvez exista alguma história africana para ensinar. No presente, não há nenhuma, ou há muito pouca: apenas a história dos europeus em África. O resto é escuridão profunda. (Trevor-Roper, 1966, p. 9)

Ainda que a historiografia brasileira se pretenda mais próxima da europeia do que da africana, nossa posição periférica no campo historiográfico possibilita uma visão distinta e crítica sobre o eurocentrismo. Logo, a visão de mundo à qual nos afiliamos é aquela que parte do pressuposto da necessidade de desconstruir as interpretações ligadas a esse peso excessivo dado ao papel de parte da Europa no desenrolar histórico. Para alcançarmos esse fim, devemos olhar para o passado de maneira a acentuar os distintos processos de institucionalização da História como disciplina, sem deixar de compreender o eixo Alemanha-França-Grã-Bretanha como centro gravitacional no desenvolvimento do campo institucional de estudos históricos. Com isso, poderemos auxiliar na constituição de uma perspectiva mais global e equitativa de mundo e de construção do conhecimento.

(1.4)
Como se faz a história? Teoria e método

A partir do século XIX, a construção de relatos sobre o passado – e, portanto, a edificação de uma memória social – passou a ser tarefa especializada de um grupo profissional: os historiadores. A identidade desse grupo esteve desde o início ligada a uma forma específica de exercer tal tarefa, em geral de maneira a legitimar o papel prioritário assumido por esses e essas profissionais na construção dos relatos sobre o passado. Historiadores e historiadoras eram aqueles formados para essa função e que a exerciam de um modo socialmente aceito como o correto. Mas o que diferenciava a história produzida por profissionais daquelas memórias produzidas por quaisquer outras pessoas?

Um dos elementos que passaram a legitimar o tipo de construção do passado executado pelos profissionais da história foi o uso de **fontes primárias**, ou seja, documentos elaborados durante o período de interesse de determinada pesquisa. Os historiadores e historiadoras eram os responsáveis por construir uma narrativa sobre o passado com base na análise dos vestígios deixados por esse passado, dando, assim, um sentido para a linha do tempo.

Pode-se entender que o trabalho da história era (e ainda é) o de desvendar um quebra-cabeça que contém determinada imagem de uma sociedade passada. Nessa metáfora, as fontes seriam as peças soltas do todo. Todavia, um dos problemas com o qual historiadores e historiadoras têm de lidar é o fato de que nunca é possível dispor de todas as peças dessa imagem. Independentemente do período do passado estudado, seja a Antiguidade, seja o mundo contemporâneo, as fontes são sempre partes incompletas e fragmentadas da totalidade, não importando a quantidade delas disponível para a análise. Para piorar a situação, as mesmas peças podem ser encaixadas em lugares diferentes, gerando imagens distintas sobre o passado.

Uma dificuldade adicional é que, ao contrário daqueles que se divertem montando quebra-cabeças, historiadores e historiadoras não contam com uma imagem inicial única, como as que normalmente ilustram as tampas das caixas dos jogos desse tipo e são usadas para guiar o trabalho de montagem.

Como, então, partindo da inexistência de uma imagem inicial, da falta de peças e da multiplicidade de lugares em que elas podem ser encaixadas, podemos montar nosso quebra-cabeça? Essa é a discussão

Fábio Frizzo

sobre teoria e método. Num sentido mais amplo, uma **teoria** pode ser definida como um conjunto de proposições gerais referentes a determinada realidade utilizado para compreender seu comportamento global e, consequentemente, a maneira como os diferentes fenômenos estão ligados uns aos outros.

Considerando que a história que fazemos é sempre o relato de dada sociedade humana, suas ações e formas de organização, ao olharmos para o passado, sempre temos, conscientemente ou não, alguns pressupostos de como funciona uma sociedade. Uma teoria é uma elaboração racional desses pressupostos. Segundo Fontoura (2016, p. 67), tal elaboração é estabelecida por meio do pensamento indutivo e voltada para a construção de análises rigorosas dos eventos históricos.

Se a teoria é uma forma de compreender o funcionamento das sociedades (e da natureza também), podemos afirmar que ela faz parte do todo complexo e relacional que constitui uma visão de mundo. Consequentemente, ela é o elemento estruturante que serve de orientação para o trabalho de historiadores e historiadoras.

Retornando à metáfora da pesquisa historiográfica como montagem de um quebra-cabeça, podemos considerar que as fontes exercem o papel das peças soltas, fragmentadas e incompletas do todo. A incapacidade de compreender qualquer movimento social em sua totalidade faz com que também não exista uma imagem inicial preestabelecida para guiar o trabalho de elaboração de uma representação do passado. Aí é que entra o papel da teoria.

Como modelo ou sistema explicativo da realidade, a teoria serve como uma imagem para guiar o processo de elaboração daquilo que será composto pela montagem das fontes no quebra-cabeça. Tendo em vista que historiadores e historiadoras não contam com a totalidade das peças e que elas podem se encaixar em vários lugares, a compreensão do todo só será possível se o modelo teórico lhes fornecer possíveis desenhos para os buracos entre os conjuntos de peças empíricas.

Devemos considerar ainda que nossa realidade social é múltipla e conflitiva. Assim, há diferentes visões de mundo que disputam a hegemonia e, consequentemente, distintas formas de compreender a sociedade e diferentes modelos teóricos disponíveis para serem utilizados na construção das representações do passado. Com base nas mesmas fontes, mas com imagens diferentes usadas como guia na montagem, serão obtidas distintas respostas. O caráter para julgar a validade de cada uma dessas possíveis representações finais do passado está relacionado também às disputas sociais e ao grupo ao qual cada uma delas se afilia.

De qualquer forma, da mesma maneira que é impossível montar esse quebra-cabeça hipotético sem uma imagem subjacente para guiar os trabalhos e preencher os espaços vazios, conferindo-lhe sentido ao final, não há história empírica sem teoria. Como mencionou Erwin Panofsky (1976, p. 4), "se a teoria não for recebida à porta de uma disciplina empírica, entra como um fantasma, pela chaminé, e põe a mobília da casa de pernas para o ar".

Embora sejam os legados concretos do passado, as fontes só ganham sentido com o trabalho de historiadores e historiadoras. Nesse sentido, as partes desse quebra-cabeça incompleto do passado não estão, diferentemente de um quebra-cabeça comum, completamente subordinadas a apenas uma imagem. A dialética entre a imagem montada do passado e suas fontes foi bem descrita por Eurelino Coelho (2010, p. 11, grifo do original):

A parte não existe, como tal, fora da relação com o todo. [...] Mas seria equivocado pensar na relação da parte com o todo como sendo de subordinação unívoca. **A parte é a materialização concreta, embora parcial e fragmentária, do todo,** *que por sua vez não pode existir senão em e através de cada parte. [...]*

O trabalho com as fontes faz com que apareçam **partes** *e, de fato, somente elas aparecerão de modo evidente. Sua aparição como parte é reveladora, já, de um aspecto do todo [...]. A relação mais profunda daquele aspecto parcial com a totalidade, no entanto, não é necessariamente evidente na própria evidência documental. Ela permanece em geral oculta até que o historiador problematize a fonte. O todo não aparece,* **como tal,** *na parte.*

Esclarecido o papel da teoria, voltemo-nos para a importância do **método**. A metodologia é a maneira de fazer a pesquisa. Segundo Aróstegui (2006, p. 92), o método é um "conjunto de prescrições que devem ser observadas e decisões que devem ser tomadas em certa disciplina para garantir, na medida do possível, um conhecimento adequado de seu objeto".

Considerando-se a teoria como uma visão de mundo, os métodos utilizados para produzir as representações do passado estão sempre afiliados a determinados pressupostos teóricos. Só faz sentido, por exemplo, buscar um método científico de tratamento das fontes e edificação do passado caso se partilhe da visão de mundo que dá à metodologia científica uma validade superior no processo de construção do conhecimento.

Como veremos no decorrer deste livro, um dos passos mais importantes dados pela historiografia do século XIX foi justamente a reivindicação de determinado método a ser utilizado no campo da disciplina histórica institucionalizada.

Retornando à nossa metáfora do quebra-cabeça, podemos afirmar, que se a teoria serve como a imagem que guia o trabalho de conexão entre as fontes e a criação da imagem do passado, o método é o caminho mais eficiente para chegar a esse objetivo. Desde cedo, aprendemos que há uma forma correta de proceder para auxiliar na resolução dos quebra-cabeças: primeiro selecionamos as peças das margens e, após a montagem do perímetro, passamos a desvendar as partes internas. Isso é um método. Outro método possível é a separação por cores, por exemplo. De qualquer forma, o elemento inexorável permanece: estamos sempre partindo das fontes, nossas peças de ligação com o passado.

O fazer histórico moderno, portanto, está relacionado a estes elementos: as fontes, a teoria e o método. Convém, agora, compreender de que maneira essa forma de construir a história surgiu e se institucionalizou como hegemônica.

Síntese

Neste capítulo, foi possível observar que o ato de dar sentido às experiências do passado para guiar o agir no presente com uma finalidade no futuro é uma ação tipicamente humana e relativamente recente na trajetória de nossa espécie. Apesar de o tempo ser uma grandeza física, as diferentes formas de nos relacionarmos com ele são socialmente determinadas, e foi numa parte da Europa, durante o século XIX, que surgiu a maneira compreendida como científica e correta de construir o passado, caracterizada por um método específico e um modo de se relacionar com a teoria social. Tal modo acabou se generalizando como o paradigma hegemônico do fazer historiográfico no planeta.

Atividades de autoavaliação

1. O termo *história* é marcado por uma polissemia que traz questões importantes para as discussões acerca da forma como

nos relacionamos com a temporalidade na sociedade atual. Sobre esse assunto, analise as sentenças a seguir.

I) História significa tudo aquilo que ocorreu no passado.
II) A história pode ser entendida também como uma falsificação da temporalidade.
III) A partir do século XIX, a palavra *história* passou a nomear a disciplina que estuda o passado humano.
IV) Além do passado em si, o termo *história* também designa os relatos elaborados sobre ele.

Agora, assinale a alternativa correta:

a) Apenas as sentenças I, II e III são verdadeiras.
b) Todas as sentenças são verdadeiras.
c) Apenas as sentenças I, III e IV são verdadeiras.
d) Apenas as sentenças II, III e IV são verdadeiras.

2. Apesar de ter uma raiz etimológica bastante clara, o conceito de historiografia acabou recebendo outros significados com o desenrolar dos anos. Assinale a alternativa que demonstra corretamente a definição de *historiografia* adotada nesta obra:

a) Aqui o termo designa uma história das formas como os seres humanos entenderam seu passado.
b) Trabalhamos com a definição de *historiografia* como leitura e compreensão dos escritos clássicos desenvolvidos pelos historiadores.
c) A ideia de historiografia utilizada é marcada pelo surgimento dos trabalhos sobre o passado tributários do método desenvolvido no século XIX.
d) *Historiografia*, nesta obra, tem o sentido tradicional de relatos escritos sobre o passado.

3. O pensar historicamente é campo de trabalho de distintas disciplinas. Não só a própria História, mas também a Filosofia, a Psicologia, a Física e até a Neurologia trabalham, de maneiras diferentes, o pensamento histórico. Assinale a alternativa que define corretamente o conceito de pensamento histórico adotado nesta obra:
    a) Trata-se da maneira utilizada pelos seres humanos para planejar as ações de seu futuro.
    b) A ideia de pensamento histórico é compartilhada por todos os seres vivos na Terra, uma vez que todos existem na dimensão temporal.
    c) O pensamento histórico compreende as reflexões humanas sobre as distintas formas de pensar as experiências temporais.
    d) Pensar historicamente significa considerar apenas os fatos relacionados no passado terrestre.

4. As experiências humanas do passado são organizadas e utilizadas de maneiras diferentes por distintas sociedades em momentos diversos. Uma constante, todavia, pode ser observada no uso da história, qual seja:
    a) O passado humano tem sido organizado para justificar, conscientemente ou não, as relações de poder existentes nas diferentes sociedades.
    b) Os relatos do passado foram usados historicamente como as primeiras formas de escrita desenvolvidas pelos seres humanos.

Fábio Frizzo

c) A história foi utilizada, desde o princípio, como forma de nos relacionarmos com a natureza e os demais seres vivos.

d) As experiências pretéritas têm seu uso restrito à fuga de perigos potenciais oferecidos na relação com a natureza.

5. O trabalho de pesquisa no campo da história é marcado por aspectos teóricos e empíricos que se unificam para elaborar uma representação coerente e coesa do passado. Não há, portanto, uma forma de construir um saber histórico isento de perspectiva teórica. Sobre a relação entre teoria e fontes na produção do conhecimento, assinale a alternativa correta:

   a) As escolhas teóricas devem ditar os caminhos de análise das fontes, de maneira que historiadores e historiadoras manipulem os documentos para que se encaixem nas perspectivas teóricas.

   b) A relação entre fontes e teoria é marcada, sobretudo, pela dialética entre as partes e o todo, na qual as primeiras são constituintes da totalidade, embora seja esta última que dê sentido à representação do passado.

   c) A primazia das fontes no relato historiográfico deve ficar bem clara, de maneira que seja a empiria a estabelecer o sentido teórico da representação do passado.

   d) Na construção do fato histórico, deve-se utilizar a teoria apenas para garantir a isenção do historiador em seu relato.

Atividades de aprendizagem

Questões para reflexão

1. Leia o trecho a seguir:

   "Toda visão global da história constitui uma genealogia do presente. Seleciona e ordena os fatos do passado de forma que conduzam em sua sequência até dar conta da configuração do presente, com o fim, consciente ou não, de justificá-la" (Fontana, 1998, p. 9).

   Considerando-se esse trecho, é possível ter uma ideia de como o autor catalão Josep Fontoura trabalha com o conceito de história. Identifique o papel que esse autor atribui à história, como parte integrante de uma visão de mundo, relacionando-a com os demais componentes dessa visão.

2. Leia atentamente o fragmento a seguir:

   "O melhor ponto de partida parece ser aquele que, na vida corrente, surge como consciência histórica ou pensamento histórico (no âmbito do qual o que chamamos de 'história' constitui-se como ciência). Este ponto de partida instaura-se na carência humana de orientação do agir e do sofrer os efeitos das ações do tempo" (Rüsen, 2001, p. 30).

   Com base no trecho citado e na leitura do capítulo, defina o conceito de consciência histórica proposto por Jörn Rüsen.

3. Considerando o que foi estudado neste primeiro capítulo, defina os conceitos de teoria e método no trabalho historiográfico.

Atividade aplicada: prática

1. Entreviste seus familiares e busque descobrir como eles relacionam os fatos de seu passado a suas ações no presente e a seus projetos futuros. Procure elaborar um texto dissertativo refletindo sobre os depoimentos à luz do conceito de consciência histórica apresentado no capítulo.

Capítulo 2

A herança iluminista e
a filosofia da história

Quando a forma atual de lidar com o passado deu os primeiros passos? Se cada organização social desenvolve uma visão de mundo composta por uma maneira de ver a história, de explicar as relações do presente e de projetar o futuro, temos de buscar os primeiros passos de nosso paradigma historiográfico no nascimento de nosso modo de organização social. Isso ocorreu com a desintegração da sociedade do Antigo Regime, dirigida pela aristocracia, e a construção das estruturas da sociedade burguesa na passagem do século XVIII para o XIX. Superou-se uma concepção de passado baseada na teologia da história e na determinação dos desígnios divinos, dando lugar a distintas vertentes de filosofias da história – seja no Iluminismo francês, seja na Escola Escocesa, seja na filosofia alemã, seja nos princípios da historiografia anglo-saxã –, mas sempre orientando o sentido das experiências do passado para justificar a sociedade presente, como um estágio numa jornada progressiva com um fim determinado: o da sociedade ideal. Esses temas estão presentes nas reflexões propostas neste capítulo.

(2.1)
O Iluminismo e a noção de progresso

Desde os últimos anos da Idade Média, a sociedade europeia ocidental passou por uma série de modificações que hoje podem ser identificadas com o processo de declínio de uma forma de organização social antiga, dominada pela aristocracia, e o nascimento de outra, sob o domínio da burguesia.

Ainda que a consideração dessas modificações – muito transitórias até os anos finais do século XVIII – como parâmetro central para a análise da multiplicidade de construções historiográficas do período, num nível global, seja algo característico de uma leitura eurocêntrica, a tradição da História como disciplina acadêmica surgiu em parte da Europa e reivindica esse passado. Portanto, como esta obra tem como objetivo a formação de profissionais nessa área acadêmica, devemos nos concentrar inicialmente nas mudanças da sociedade e da visão de mundo que deram origem ao nosso moderno campo de estudo.

O processo de ascensão da burguesia como classe dominante esteve ligado à elaboração de uma visão de mundo distinta daquela cuja hegemonia havia sido fundamental para a manutenção da sociedade aristocrática. Como visto no capítulo anterior, uma visão de mundo pode ser decomposta – de forma simplificada – em uma perspectiva histórica, uma explicação da organização social presente e um projeto político para o futuro. Logo, a modificação na estrutura social foi acompanhada pela elaboração de uma nova perspectiva acerca do tempo e da história.

Na Europa Ocidental, a historiografia aristocrática era herdeira do modelo desenvolvido na Idade Média, surgido com o afastamento dos parâmetros dos historiadores clássicos greco-romanos. Enquanto no mesmo período houve um desenvolvimento historiográfico bem mais inovador entre os muçulmanos, o "Ocidente cristão" em constituição elaborou a própria visão de mundo e de história.

A historiografia do Ocidente medieval se distinguiu da herança clássica ao deslocar as explicações históricas das causas naturais e sociais para os desígnios divinos. Intelectuais ligados à Igreja Católica, como Agostinho de Hipona, elaboraram uma perspectiva historiográfica que pode ser designada como **teologia da história**.

A teologia da história cristã tem como marcos humanos o pecado original e a expulsão do paraíso terrestre, desenrolando-se, a partir daí, um tempo linear que vai desembocar obrigatoriamente no juízo final. Tal trajetória é marcada pela busca da salvação, constituída pelo acolhimento da vontade de Deus em Cristo e pela ação messiânica da temporalidade, que acaba por unificar uma existência no tempo a uma existência na eternidade. Assim, "na teologia da história, os planos que são concretizados pela ação humana no seu transcurso histórico não surgem porque os homens os tenham decidido dentro de sua capacidade, mas sim porque os homens nos seus engenhos executaram os desejos de Deus" (Santos, 2011, p. 421).

A visão construída pelo cristianismo, portanto, retira a autonomia humana no processo histórico, legando apenas a Deus o papel de determinador do destino de homens e mulheres. Estes aparecem apenas como atores e atrizes imediatos, já que o desenrolar do drama no qual estão inseridos está fortemente marcado pelo roteiro e pela direção da entidade divina.

A teologia aponta para a divisão entre uma história profana e outra sagrada. A primeira é marcada pelas contingências da ação humana, que podem resultar, por exemplo, no domínio militar ou econômico temporário de uma ou outra potência terrestre. A história sagrada, por outro lado, traz a perspectiva mais ampla da ação de Deus na criação e no controle do mundo segundo sua vontade. Logo, a fé torna-se o principal alicerce de sustentação da interpretação social do tempo.

O estudo da história, segundo a perspectiva cristã, teria como função mostrar as ações divinas na Terra, bem como as atitudes a serem premiadas ou repreendidas por Deus. Dessa maneira, a história servia como lição de moral e confirmação da fé nos milagres e predições. A busca por uma verdade histórica – da maneira como existe hoje – era totalmente secundária, já que a história servia menos para compreender o mundo do que para indagar o futuro, por meio da interpretação de escrituras e profecias que pavimentavam o caminho para o final dos tempos.

Se a teologia da história, criada no âmbito dos quadros da Igreja Católica, foi fundamental para a manutenção da estrutura social medieval, qual foi o papel da nobreza que não ocupava postos na hierarquia eclesiástica? A aristocracia laica feudal desenvolveu uma forma historiográfica própria a serviço de seu sistema monárquico. Essa historiografia "cavalheiresca" foi escrita já nas línguas vulgares, visando a um público maior do que aquele que acessava os textos em latim.

A unificação das perspectivas das nobrezas laica e eclesiástica na visão de mundo medieval se concretizou no ideal da sociedade das três ordens, fundamentado tanto pela historiografia desenvolvida nos quadros da Igreja quanto nas cortes monárquicas e feudais.

Já por volta do século XIV, a ascensão de novos grupos e propostas de organização social (especialmente nas comunas comerciais italianas) levou ao surgimento de outra visão de mundo e, consequentemente, de uma perspectiva historiográfica distinta. O **humanismo renascentista** resgatou a tradição da historiografia clássica greco-romana e buscou retomar uma concepção de realidade e de história mais naturalista e secular – mesmo sem abandonar a importância da divindade.

No humanismo do Renascimento já é possível observar o uso direto da história para fins declaradamente políticos, como fica expresso, por exemplo, na obra de Maquiavel. Nesse período também foram dados os primeiros passos no sentido da construção de um método de análise documental baseado na erudição.

A conjuntura europeia dos séculos XVI e XVII, marcada por conflitos políticos e religiosos – ligados, aliás, à transição da sociedade medieval para a moderna –, fez com que o impulso renovador da historiografia do Renascimento acabasse asfixiado. Essa base foi, contudo, retomada pelos intelectuais do Iluminismo em fins do século XVII e no XVIII.

A visão de mundo iluminista (ou ilustrada) é fruto de um contexto de intensa modificação social. Enquanto a burguesia emergia como um grupo cada vez mais importante na Europa, a aristocracia buscava manter sua hegemonia. Nesse cenário, o Iluminismo surgiu inicialmente como uma perspectiva reformadora voltada para garantir, de forma negociada, a continuidade do domínio aristocrático.

Partindo da estrutura do humanismo renascentista, o Iluminismo elevou a antropologia à categoria fundamental de todos os saberes, deslocando-se da teologia, e buscou organizar e consolidar os conhecimentos até então acumulados pela humanidade. A antropologia ilustrada dividiu-se em duas tendências principais, estruturadas com base na concepção de que os domínios humano e natural poderiam ser desvelados por meio da racionalidade. A primeira se baseou na história natural e na medicina, considerando o ser humano como parte do conjunto dos seres vivos, fundando, assim, uma filosofia da natureza. A segunda partiu de uma separação entre humanidade e natureza, com o domínio do humano sobre o natural, dando origem à tradição da ligação entre gênero humano e civilização. Essa separação entre universo humano e universo natural criou um campo de estudo das sociedades humanas voltado para conhecê-las com o propósito de construir a melhor sociedade possível.

Nesse quadro de análise racional das sociedades, a ação humana ganhou importância central. Consequentemente, a história passou a ser palco da autonomia de homens e mulheres, marcada pelo progresso de nossa separação ante a natureza e o sobrenatural. A ideia de progresso tem, pois, como fundamento a historicidade da existência humana e seu desenvolvimento temporal, apontando um sentido para as modificações notadas no percurso das sociedades no tempo.

Fábio Frizzo

Ao diferenciarem as esferas do humano e da natureza, os iluministas estabeleceram o caráter progressivo do processo civilizatório, estruturado numa evolução linear e ilimitada – do estado de natureza à civilização –, que implica uma hierarquização temporal e o otimismo em relação ao futuro. Foi dessa percepção que surgiu uma nova forma de pensar a ação humana no tempo, a qual ficou conhecida como **filosofia da história**.

Como gênero filosófico, a filosofia da história produz reflexões sobre as ações de homens e mulheres em sua dimensão temporal, sendo marcada pela busca de um sentido – progressivo – no desenrolar da vida humana no planeta e de uma lógica imanente ao desenvolvimento histórico.

A definição de uma lógica imanente e de um sentido para o desenvolvimento histórico levou as diferentes filosofias da história a apontar sempre para um futuro determinado. Isso deixa muito clara a constituição de uma visão de mundo decomposta em uma história, uma explicação do presente e um projeto de futuro, que mantêm entre si vínculos indissolúveis. A definição de uma linha vetorial (uma lógica de desenvolvimento) faz com que determinado passado resulte obrigatoriamente no presente e, consequentemente, em um futuro específico.

As diferentes concepções filosóficas da história são, portanto, todas orientadas por uma perspectiva teleológica, ou seja, uma visão na qual o passado é explicado com base em seus resultados inexoráveis que o conduziram ao presente e, consequentemente, ao futuro. Nega-se, dessa maneira, que o passado tenha sido ele mesmo um presente com várias possibilidades de futuro para afirmar apenas aquela possibilidade que se encaixa na lógica imanente do desenvolvimento histórico.

Uma perspectiva teleológica é sempre retrospectiva, pois depende primordialmente do resultado final do processo. É como um adulto que escolheu certa profissão olhando para o passado para chegar à conclusão de que, desde a mais tenra infância, sua carreira já estava definida em suas ações e aptidões. Tal visão é bastante diferente daquela na qual a escolha da profissão teria sido determinada por uma série de variáveis que ocorreram ao longo de toda a vida da pessoa, considerando-se que mudanças mínimas, ocorridas em diversos momentos, poderiam ter resultado na escolha de outra carreira e, portanto, num desfecho distinto.

Visões da temporalidade como essas foram utilizadas com propósitos políticos bem definidos. Os filósofos da história buscavam defender seus projetos de organização social por meio da análise do passado, voltada para justificar a nova sociedade que estava se constituindo na transição estrutural das dinâmicas sociais aristocráticas para as burguesas. Assim, a burguesia caminhava para estabelecer sua visão de mundo – e de história – como hegemônica.

(2.2)
A HISTÓRIA NO ILUMINISMO FRANCÊS

Os protagonistas do Iluminismo francês foram homens que compartilhavam a aspiração à inovação e à crítica, partindo de uma perspectiva liberal ante a sociedade da época. Esses literatos, convencionalmente chamados de *philosophes*, disseminaram uma visão de mundo baseada nos valores da crítica racional, da liberdade e da tolerância.

O movimento iluminista afetou profundamente o domínio do conhecimento histórico, produzindo reflexões teórico-metodológicas e diversos trabalhos inovadores nesse campo. A partir da década de

1990, aumentou consideravelmente o interesse pela pesquisa acerca da disciplina histórica no contexto do Iluminismo. Foram enfatizados os aspectos literários, narrativos e linguísticos da historiografia produzida no período, além da ligação entre esta e a antropologia, tendo como ponto de partida as reflexões acerca da alteridade apresentada pelos autores do século XVIII.

O primeiro elemento importante a ser ressaltado no que se refere à historiografia iluminista francesa é a ausência de sistematização. Não houve – como ocorrido abundantemente um século mais tarde – grandes manuais ou tratados de método que sintetizassem a forma de ver a história naquela época.

Em meados do século XVIII, na França, o uso de conceitos fundamentais para a compreensão da história, como **civilização** ou **progresso**, aumentou consideravelmente. O mesmo ocorreu com a própria expressão *filosofia da história*: só ganhou um significado conceitual mais preciso no século XIX, mas já era usada por Voltaire para se referir ao seu próprio olhar crítico, em oposição à teologia da história cristã.

A concepção de que era necessário um trabalho de erudição para embasar as afirmações acerca do passado também ganhou corpo com o Iluminismo. Nicolas Fréret (1688-1749), por exemplo, demonstrou em suas *Reflexões sobre o estudo da História Antiga e o grau de certeza de suas evidências*, obra publicada ainda em 1724, que a História poderia alcançar o *status* filosófico por meio da combinação de quatro elementos: 1) procedimentos críticos; 2) argumentação lógica; 3) formulação de questões de natureza geral; e 4) contato com outras disciplinas. Ademais, Fréret também foi importante por inserir reflexões mais amplas acerca da história do Oriente ao adotar uma linha cronológica derivada da tradição chinesa.

Outro autor a executar essa ampliação da escala de análise e propor um escopo mais universal foi Joseph de Guines (1721-1800). Ele buscou incorporar reflexões acerca dos povos nômades da Ásia Central em sua *História geral dos hunos, dos turcos, dos mongóis e dos outros tártaros ocidentais*, editada entre 1756 e 1758.

Você já se perguntou por que a escrita da história é diferente de outros gêneros literários? Uma preocupação fundamental dos iluministas franceses era o projeto consciente de construção de um conhecimento histórico que se importasse não apenas com seu conteúdo, mas também com sua forma gramatical, sintática e com um vocabulário determinado, conformando um discurso específico para a disciplina. Tal discurso estava voltado à valorização do aspecto comunicativo, no sentido de propor que a história tivesse uma função pública de crítica social e política, especialmente a crítica à ortodoxia religiosa.

O mais famoso autor da historiografia iluminista francesa foi François-Marie Arouet, conhecido como Voltaire (1694-1778). Escrevendo sob grande influência de pensadores ingleses, como o próprio Isaac Newton, redigiu diversos livros que acabaram proibidos tanto pelo Santo *Index* da Igreja Católica quanto por autoridades civis. Isso, todavia, não o impediu de ser extremamente influente e de ter visto mais de 50 edições de suas obras.

Voltaire foi o filósofo da história mais próximo de um *historiador* no sentido que esse termo veio a ganhar no século XIX. Isso se deveu a suas reflexões problematizadoras acerca das representações históricas e historiográficas.

Sua primeira obra histórica importante foi a *História de Carlos XII da Suécia*, publicada em 1731. Contudo, as características marcantes de seu trabalho historiográfico vieram à tona com o *Século de Luís XIV*, lançado em 1751. Nele, Voltaire demonstrou uma preocupação bem mais ampla do que aquela dada às ações dos aristocratas, defendendo a necessidade de investigar os grandes interesses coletivos. Ademais, ampliou os limites dos relatos sobre o passado para além da Europa e da própria tradição cristã, incorporando elementos referentes a outras civilizações orientais anteriores aos judeus. Dessa forma, exerceu forte crítica à perspectiva religiosa de análise histórica – hegemônica até então – e estabeleceu as bases do que chamou de uma *história universal*.

Embora tenha escrito o verbete *história* da *Enciclopédia*, dirigida por Diderot e D'Alembert, a obra que melhor expôs a perspectiva de Voltaire sobre a história foi *Ensaio sobre os costumes*, publicada pela primeira vez em 1756 e ampliada por ele mesmo até sua morte. Nela, desafiou as fronteiras tradicionais da historiografia da época, apontando que era preciso uma história com um interesse maior na sociedade e na cultura das diferentes nações. É apontada por alguns autores como a primeira obra de filosofia da história, buscando conclusões sobre a natureza e sobre as causas do progresso humano com base em fatores econômicos, políticos e militares, algo muito diferente das crônicas de batalhas, intrigas e festas de corte que ocupavam as páginas da maioria dos livros da época dedicados ao passado. Segundo Guido Abbattista (2012, p. 415, tradução nossa),

> A natureza revolucionária do Ensaio *consiste não apenas em sua dispensa completa dos esquemas teológicos/providencialistas da historiografia, adotando uma perspectiva totalmente laica e temporal, mas também na rejeição da* persona *literária do cortesão ou do panegírico. Voltaire não estava escrevendo para príncipes ou potentados: o trabalho era endereçado a um leitor filósofo.*

Voltaire também esteve fortemente preocupado com a utilidade da análise do passado no presente ou, em outras palavras, com o uso político e social desse conhecimento. Nesse sentido, apontava que as experiências passadas não deveriam servir apenas para aconselhar aristocratas e governantes, mas para armar o povo contra superstições e instituições religiosas.

> *Essa vantagem consiste sobretudo na comparação que um estadista, um cidadão podem fazer das leis e costumes estrangeiros com os do seu país: é o que estimula emulação das nações nas artes, na agricultura, no comércio. Os grandes erros do passado servem muito de todas as maneiras; nunca os crimes e as desgraças seriam suficientemente recordados. Digam o que quiserem, mas podem-se prevenir aqueles e estas [...]. Se não tornasse esse conhecimento familiar aos jovens, se só houvesse um pequeno número de estudiosos instruídos sobre esses fatos, o público seria tão imbecil quanto era na época de Gregório VII. As calamidades desses tempos de ignorância renasceriam infalivelmente, porque não se tomaria nenhuma precaução para preveni-las.* (Voltaire, 2007, p. 14-16)

O ponto de partida seria uma definição de *história* como relato dos fatos tidos como verdadeiros, diferenciando-se da fábula, que seria "o relato dos fatos dados como falsos" (Voltaire, 2007, p. 3). Dessa maneira, seria possível garantir uma certeza acerca do ocorrido no passado, mas mesmo essa certeza tinha seus limites, como exemplificado no caso das ações de Carlos XII no combate aos tártaros:

> *Toda certeza que não é demonstração matemática não passa de uma extrema probabilidade – não há outra certeza histórica. [...] Se apenas dois ou três historiadores houvessem escrito a aventura do rei Carlos XII, [...] mas, tendo falado com várias testemunhas oculares e não tendo ouvido ninguém por essa ação em dúvida, tive de acreditar nela; porque afinal de contas, se ela não é nem sensata nem ordinária, não é contrária nem às leis da natureza nem ao caráter do herói.* (Voltaire, 2007, p. 16-17)

A garantia da certeza acerca do passado, obtida pelos estudos da filosofia da história, era sustentada por princípios metodológicos, que envolviam aquilo que mais tarde foi posto nos termos da historiografia institucionalizada como debates acerca das fontes e sua contextualização. Voltaire interessou-se por diferentes tipos de documentação, chegando a analisar os registros de importação para compreender a riqueza comercial e industrial em desenvolvimento.

A dinâmica a ser seguida era a de comparação, sempre que possível, entre diferentes testemunhos, utilizando-se a razão como ferramenta de análise. Nisso, tanto se adotava a lógica filosófica de buscar um conhecimento próximo daquele das demais esferas do conhecimento quanto se reivindicava a especificidade da filosofia da história perante a historiografia aristocrática anterior. Segundo o próprio Voltaire (2007, p. 25-26),

> *Exigem-se dos historiadores modernos mais detalhes, fatos mais constatados, datas precisas, autoridades, mais atenção aos usos, às leis, aos costumes, ao comércio, às finanças, à agricultura, à população. Ocorre com a história o mesmo que com a matemática e a física: o campo aumentou prodigiosamente. Tanto é fácil fazer uma coletânea de mexericos como é difícil escrever a história. [...] Se você escreve uma história da França [para franceses], não é obrigado a descrever o curso do Sena e do Loire; mas, se dá ao público as conquistas dos portugueses na Ásia, exige-se uma topografia dos países descobertos.*

A atenção desse filósofo francês ao método de pesquisa foi sempre acompanhada da preocupação com a forma de exposição. Os relatos históricos das cortes e dos aristocratas eram avaliados como enfadonhos porque excessivamente descritivos. Interessado em escrever para um público ilustrado mais amplo, Voltaire apontava a necessidade de descrever brevemente, sem concentração nos detalhes, para agradar aos leitores.

> *Essas regras [sobre o método de pesquisa histórica] são bem conhecidas; mas a arte de escrever bem a história sempre será raríssima. Sabe-se muito bem que é necessário um estilo grave, puro, variado, agradável. Vale para as leis da escrita da história o mesmo que para todas as artes do espírito: muitos preceitos e poucos grandes artistas.* (Voltaire, 2007, p. 27)

Dedicando-se a todos esses aspectos, Voltaire foi o maior nome da historiografia iluminista francesa e um dos primeiros a sintetizar suas características na expressão *filosofia da história*. Brandão e Pereira Filho (2013, p. 1-71) afirmam que há discordâncias entre os analistas da obra do francês acerca do sentido que ele dava à história; alguns defendem que professava a fé – hegemônica no seu período – na inevitabilidade e linearidade do vetor do progresso, ao passo que outros argumentam que ele propunha uma posição mais cíclica, marcada pela possibilidade de retorno da superstição a qualquer momento.

O certo é que, como a maioria dos autores de sua época, o progresso era, para Voltaire, um tema inescapável. Sua historiografia preocupou-se em ampliar os horizontes de análise do passado, tanto na questão metodológica, documental e estética como no que diz respeito às fronteiras geográficas do interesse dos filósofos da história europeus. Isso obedecia aos anseios universalistas do Iluminismo, os quais eram respondidos pela afirmação do progresso como lei universal. Nesse sentido, Voltaire não escapou do eurocentrismo: ainda que tenha afirmado a importância de analisar o passado de diversos povos asiáticos, a civilização sempre apareceu em seu trabalho como um atributo reservado aos europeus.

Independentemente de seu interesse por um passado mais remoto, Voltaire era cético acerca da produção de uma história do período anterior ao Renascimento, em virtude da preocupação com a possibilidade de confirmação pela documentação. Esse ceticismo não impediu outro importante autor do Iluminismo francês cuja maior contribuição historiográfica foi um livro sobre o mundo romano antigo. Charles-Louis de Secondat (1689-1755), mais conhecido como Montesquieu, foi um aristocrata, Barão de La Brède, e um dos maiores divulgadores da perspectiva iluminista. Ainda que sua obra magna tenha sido *O espírito das leis* (1748), sua análise mais propriamente historiográfica ficou marcada pelas *Considerações sobre as causas da grandeza dos romanos e de sua decadência* (1734).

Em sua obra, Montesquieu demonstrou imenso conhecimento de fontes e documentos, além de uma penetração profunda no âmbito da causalidade histórica, determinada por elementos ligados tanto à esfera material quanto ao espírito geral que envolvia fatores políticos, religiosos, culturais, paixões populares e psicologia coletiva. Seu trabalho representa muito bem a perspectiva da filosofia da história ao buscar dar esse sentido de causalidade ao desenrolar das sociedades no tempo.

Montesquieu não apenas esteve preocupado em identificar causalidades, como também as diferenciou em causas gerais e particulares. As causas gerais aproximavam-se da perspectiva universalista e sua busca por leis gerais de funcionamento da natureza e da sociedade. Ao analisar a grandeza e a queda do mundo romano, o autor afirmou:

> *O mundo não é governado pelo acaso. Nós podemos apelar para os romanos, que experimentaram uma sucessão contínua de prosperidades enquanto eles se governaram a partir de certo plano e uma ininterrupta série de reveses quando eles se conduziram a partir de outro. Há causas gerais, morais e físicas, que atuam sobre qualquer monarquia, construindo-a, mantendo-a ou invocando sua queda. Todos os acidentes estão submetidos ao controle*

dessas causas gerais; e, se o perigo de uma batalha – isto quer dizer, uma causa particular – foi suficiente para arruinar um Estado, aí havia uma causa geral que determinou que tal Estado devesse perecer por uma só batalha. Num mundo, o principal movimento dos eventos determina todos os acidentes particulares. (Montesquieu, 1882, p. 378, tradução nossa)

Esse trecho demonstra claramente a perspectiva iluminista acerca da existência de forças impessoais agindo na determinação histórica, fossem elas econômicas, ambientais, geográficas ou culturais, afetando tanto a ação humana individual quanto os regimes políticos.

A análise dos fatores determinantes na história era, para os iluministas, um passo para a construção de um novo mundo. Nesse sentido, a análise historiográfica da filosofia da história era claramente parte de um projeto social que estava sendo delimitado e que contribuiria para a Revolução Francesa e para a modificação social ocorrida na França do final do século XVIII.

(2.3)
A Escola Escocesa

O século XVII foi atravessado por fatores políticos e econômicos que marcaram profundamente a sociedade da Grã-Bretanha. O processo revolucionário, a partir dos anos de 1640, começou a minar tanto o poder absolutista quanto o feudal, abrindo caminho para a construção de um cenário frutífero ao desenvolvimento das relações capitalistas no campo. Esse contexto serviu de palco para a elaboração de uma nova explicação das relações sociais e, consequentemente, de outra visão acerca da relação entre passado, presente e futuro.

Provavelmente, o nome mais importante no processo de uma nova concepção da sociedade foi o de John Locke (1632-1704), que partiu da lógica jusnaturalista de que os seres humanos teriam compactuado sua vida em sociedade por meio de um "contrato social", voltado para intervir na garantia dos direitos naturais de vida, liberdade e propriedade. A sociedade civil criada por esse contrato estaria, portanto, ligada à manutenção do direito inalienável de propriedade privada para todos os seres humanos.

Segundo o historiador catalão Josep Fontana (1998, p. 82), a tarefa de construir a nova visão de mundo para a sociedade que estava se criando ficou sob a responsabilidade da Escola Histórica Escocesa, na qual um dos primeiros nomes foi o do filósofo David Hume (1711-1776).

Hume era oriundo da pequena nobreza rural escocesa e publicou seu *Tratado sobre a natureza humana* aos 28 anos de idade. Formado pela Universidade de Edimburgo, viveu parte da vida entre os iluministas franceses e acabou desempenhando cargos diplomáticos naquele reino. Seus pensamentos acerca da história se expressaram especialmente em seus *Discursos políticos* (1751) e na *História da Inglaterra* (1754-1761). Esta última foi, durante muito tempo, a obra mais influente acerca do passado inglês, chegando a mais de 150 edições em um século.

Em *Discursos políticos*, Hume afirmou que não havia acaso na trajetória humana porque as ações humanas eram movidas por paixões e interesses universais. Cabia aos investigadores encontrar relações de causa e efeito na história por meio dos registros. Dessa maneira, o autor atentava contra a perspectiva teológica, segundo a qual as razões para os eventos humanos eram totalmente divinas.

Por meio da comparação entre movimentos históricos, o filósofo escocês buscava encontrar mudanças gerais que lhe permitissem perceber como certos elementos decorriam de determinadas sucessões de eventos, criando uma linha causal na história. Ao considerar a busca natural pela liberdade e pela propriedade privada como índice de participação pública, Hume estabeleceu uma perspectiva progressista na sua visão sobre a relação entre passado, presente e futuro.

> *A mente formulava suas ideias em resposta às sensações e aos objetos encontrados na experiência. À medida que os homens evoluíam em sua capacidade produtiva, ao longo dos sucessivos estágios da história, eles expandiam suas próprias mentes, multiplicando os objetos aos quais elas respondiam.* (Pocock, 2003, p. 195)

Partindo dos pressupostos de que cada época deveria ser reconhecida por suas práticas políticas e de que a sociedade comercial na qual vivia era superior, Hume traçou sua linha do progresso na história. Tal progresso, respeitando a perspectiva empirista, devia ser demonstrado pela expansão na qualidade material da vida dos sujeitos. Caberia, pois, ao historiador desvendar, mediante amostras empíricas, as causas inseridas no processo progressivo do desenrolar histórico.

A busca por registros, claramente expressa nas abundantes notas da *História da Inglaterra*, acabou por estabelecer uma contradição na prática historiográfica de Hume. De um lado, estava o empiricismo e, de outro, a teoria do progresso gradual como fio condutor da história. O autor, portanto, trabalhou com a oposição dialética entre uma historiografia baseada em evidências e uma perspectiva filosófica da história que adotava o progresso como eixo.

> *A parte central desta visão era, precisamente, a sua concepção histórica: uma concepção que apresentaria o curso da evolução do homem como uma ascensão até o capitalismo, e que se prolongaria numa projeção ao futuro em que o desenvolvimento econômico – entendido de forma que excluiria qualquer outra via de crescimento que não fosse*

a capitalista – permitiria satisfazer as necessidades e as aspirações da humanidade inteira. (Fontana, 1998, p. 83)

Com Hume, a Escola Escocesa inaugurou a perspectiva de uma história humana marcada por etapas do desenvolvimento, tendo as atividades econômicas como elemento fundamental para classificação. Nessa perspectiva, as civilizações seriam graduadas em estágios: de início, haveria a realidade selvagem dos caçadores e coletores; em seguida, as civilizações de agricultores, as manufaturas; e, finalmente, o mundo comercial plenamente desenvolvido, que começava a se estabelecer na Idade Moderna com o mercantilismo. Essa seria a trajetória típica e natural de determinado povo, caso circunstâncias extraordinárias não interferissem.

A perspectiva etapista do progresso econômico ficou mais conhecida, todavia, com o trabalho de Adam Smith (1723-1790), que foi professor em Glasgow e funcionário vinculado ao comércio internacional em Edimburgo. Amigo de Hume e ligado a filósofos franceses como Voltaire, Smith talvez seja o nome mais famoso do liberalismo econômico e da defesa de uma visão de mundo que vê a propriedade privada e o mercado como fundamentos da dinâmica social.

Ainda que conhecido principalmente como um dos fundadores da ciência econômica moderna, o trabalho de Adam Smith é muito mais uma filosofia da história, que buscou apresentar uma linha coerente para o desenvolvimento das civilizações no tempo. Nesse sentido, o autor sintetizou o que ficou conhecido como "teoria das quatro etapas" do desenvolvimento social, baseada nos quatro modos de subsistência utilizados pelas sociedades humanas: caça e coleta, pecuária, agricultura e comércio.

Como exemplo, destacamos um longo trecho de *A riqueza das nações* em que Smith disserta sobre os gastos necessários dos Estados com a defesa:

> *Entretanto, são muito diferentes os gastos tanto para preparar essa força militar em tempo de paz como para utilizá-la em tempo de guerra, de acordo com os diversos estágios da sociedade, nos diferentes períodos de aperfeiçoamento. Entre nações constituídas de caçadores, o estágio mais baixo e mais primitivo da sociedade, tal como o encontramos entre as tribos nativas da América do Norte, todo homem é um guerreiro e, ao mesmo tempo, um caçador. [...] Também entre nações de pastores, estágio social mais evoluído, tal como o encontramos entre os tártaros e árabes, todo homem é, igualmente, um guerreiro. Essas nações geralmente não têm habitação fixa, vivendo em tendas ou em uma espécie de carroções cobertos, facilmente transportáveis de um lugar a outro. [...] Em um estágio social ainda mais evoluído, entre as nações de agricultores que mantêm pouco comércio exterior e não possuem quaisquer outros manufaturados, a não ser esses rústicos e caseiros que quase toda família particular faz para seu próprio uso, também neste tipo de sociedade todo homem é um guerreiro ou facilmente se torna um guerreiro. [...] Em um estágio social mais avançado, duas causas contribuem para tornar totalmente impossível manterem-se à própria custa os que vão à guerra: o desenvolvimento das manufaturas e o aperfeiçoamento da arte bélica. [...] Assim como é somente por meio de um exército efetivo bem organizado que uma nação civilizada consegue defender-se, da mesma forma é somente com tal exército que um país bárbaro pode ser civilizado com rapidez e de modo razoável. [...] Por conseguinte, o primeiro dever do soberano, o de defender a sociedade contra a violência e a injustiça de outros países independentes, torna-se gradualmente cada vez mais dispendioso, à medida que o país vai se tornando mais civilizado. A força militar do país, que inicialmente*

não acarretava ao soberano nenhum gasto, nem no período de paz nem do [sic] de guerra, com o avanço da prosperidade deve ser mantida, primeiro pelo soberano, em tempo de guerra e, depois, mesmo em tempo de paz.
(Smith, 1983, p. 173-186)

Para dar validade ao argumento dele de que o livre comércio era a principal característica da fase de maior desenvolvimento das sociedades humanas, Smith traçou um vetor evolutivo que se inicia nos povos caçadores-coletores (exemplificados pelo autor pelas tribos nativas norte-americanas) e segue para os pastores (exemplificados por árabes e tártaros), para os agricultores e, finalmente, para o comércio desenvolvido. A cada um desses estágios corresponderia um tipo específico de divisão do trabalho, na forma de propriedade, de instituições de governo, de sistema legal e de moral.

A riqueza das nações foi o marco de uma filosofia da história que compreendeu a mudança econômica como principal motor da vida social, concluindo-se num "fim da história" no qual os enfrentamentos sociais e a luta política estariam dissolvidos nas relações estabelecidas pelas trocas comerciais. Nesse sentido, a trajetória humana no planeta seria o caminho progressivo de crescimento econômico e de retirada das barreiras que impedem as livres trocas.

No contexto do que se consolidou como a tradição da Escola Escocesa, iniciada por Hume, Smith também acreditava que a história era ligada por uma sucessão de causas e efeitos e que o verdadeiro trabalho dos historiadores (a presença de mulheres na época era quase inexistente nesse campo) seria procurá-los com o auxílio da metodologia científica que estava em desenvolvimento para outras esferas do conhecimento.

Ao identificar a forma de subsistência como elemento-base para a compreensão de outras relações sociais, Adam Smith é considerado por autores como Meek (1971) como criador de uma concepção materialista da história.

Sucessor de Hume no cargo de responsável por uma das melhores bibliotecas europeias e, posteriormente, professor de moral na Universidade de Edimburgo, Adam Ferguson (1732-1816) foi outro dos grandes historiadores ligados à Escola Escocesa. Em seu *Ensaio sobre a história da sociedade Civil* (1767), Ferguson trabalhou com a ideia de que a transição da barbárie à civilização era um processo mediado pela divisão social do trabalho, pela propriedade privada e pela criação de instituições de governo voltadas à garantia dos direitos individuais.

Seguindo a defesa de uma ideia de progresso, Ferguson afirmou em seu livro, que fez um sucesso considerável na época:

> A formação dos produtos da natureza se dá, de forma geral, por graus. Vegetais crescem de um tenro broto e animais de um estágio infantil. Os últimos, sendo ativos, ampliam suas operações e seus poderes em conjunto e progridem tanto no que realizam quanto nas faculdades que adquirem. Este progresso, no caso dos homens, é continuado numa medida maior do que a de qualquer outro animal. Não apenas os avanços individuais da infância à idade adulta, mas da própria espécie da selvageria à civilização. [...] Deve parecer evidente que a propriedade é uma questão de progresso. Sua existência requer, entre outras particularidades, que são efeito do tempo, alguns métodos de definir sua posse. O próprio desejo dela [da propriedade] decorre da experiência e da indústria pela qual ela é obtida ou melhorada, requer tal hábito de ação com uma visão de objetivos distantes, que pode superar as disposições do presente tanto para a preguiça quanto para o lazer. Esse hábito é lentamente adquirido e é, na realidade, a principal diferença entre as nações no estado avançado da mecânica e das artes comerciais. (Ferguson, 1782, p. 1, 136, tradução nossa)

Outro dos historiadores mais reconhecidos do período foi William Robertson (1721-1793), que produziu uma *História do Imperador Carlos V* (1769) e deixou inacabada uma *História da América*. Influenciado tanto pela filosofia da história da Escola Escocesa quanto por aquela produzida na França, Robertson buscou observar a história sob uma perspectiva mais ampla, social e cultural, como sugeria Voltaire, mas dando mais ênfase que o francês ao uso da documentação.

O cuidado com o uso das fontes levou o autor a desenvolver uma reflexão sobre a necessidade de preencher as lacunas deixadas pela documentação. Assim, apropriou-se do pensamento de Dugald Steward sobre uma espécie de história "conjectural", na qual os buracos deveriam ser preenchidos com conjecturas baseadas nas características universais da natureza humana. Isso, todavia, não deixou de fazer com que Robertson se destacasse por sua precisão no trabalho com a documentação, como ele mesmo deixou claro no prefácio de sua principal obra:

> *Nesta parte do meu trabalho, eu fui levado a várias definições críticas, que pertencem mais propriamente ao reino do advogado ou antiquário do que ao do historiador. Eu as inseri no final do quinto volume, sob o título de "Provas e Ilustrações". Muitos dos meus leitores, provavelmente, darão pouca atenção a tais pesquisas. Para alguns deles, talvez, deve parecer a parte mais curiosa e irrefletida do meu trabalho. Eu apontei cuidadosamente as fontes das quais eu derivei informações e citei os escritores em cuja autoridade eu confio rigorosamente [...]. Como minhas investigações me induziram frequentemente a caminhos que eram obscuros ou pouco frequentados, tal confiante recurso aos autores que foram meus guias era não apenas necessário para autenticar os fatos que são os fundamentos das minhas razões, mas pode ser útil ao apontar o caminho para aqueles*

que vierem a seguir o mesmo curso e permitir a eles levar à frente suas pesquisas com maior facilidade e sucesso. (Robertson, 1769, p. XII-XIII, tradução nossa)

Como outros autores de seu período preocupados com a história, Robertson tratou de buscar as causalidades que conectassem os diferentes fatos históricos. Em seu caso, contudo, esse movimento foi associado à providência divina, que se expressaria por meio de causas secundárias seculares. Dessa forma, o filósofo escocês negava a existência de uma contradição entre a providência e o Iluminismo e seu questionamento racional das causas.

Por fim, seguindo a tradição etapista da Escola Escocesa, Robertson associou claramente, em sua *História da América*, o desenvolvimento ao comércio, defendendo o empreendedorismo europeu na colonização. Consequentemente, explicou a exploração e o genocídio dos nativos por meio da lógica dos quatro estágios e da necessidade do progresso.

Em suma, quais foram as principais características da Escola Escocesa e qual foi a utilidade social da historiografia produzida por aqueles autores? A filosofia da história desenvolvida por essa escola esteve associada diretamente à construção de uma nova visão de mundo relativa à sociedade comercial burguesa que estava se constituindo. A concepção de desenvolvimento histórico era o núcleo fundamental dessa visão de mundo segundo a qual o progresso linear das "formas de subsistência" e, portanto, das estruturas econômicas teria trazido a humanidade ao auge de sua existência. A trajetória humana seria marcada pela derrubada dos entraves que impediam a produção econômica e a livre circulação de mercadorias. Nesse sentido, esse auge da existência da humanidade seria o capitalismo e o livre comércio defendido por autores como Adam Smith.

(2.4)
A FILOSOFIA DA HISTÓRIA NA ALEMANHA: KANT E HEGEL

O principal nome do Iluminismo na filosofia de origem germânica foi o do prussiano Immanuel Kant (1727-1804). Tendo passado toda a vida em Königsberg (atual Kaliningrado, na Rússia), ele era filho de um artesão de família luterana e desempenhou por toda a vida o cargo de professor universitário. Sua origem – assim como a de outros filósofos do período – comprova a tese de que a produção ilustrada alemã foi obra da pequena burguesia, ao passo que na França esse desenvolvimento também esteve sob a responsabilidade de aristocratas como Montesquieu.

Em resposta a um questionamento aberto por um jornal de Berlim sobre o que seria a Ilustração, Kant escreveu, em 1783, que as Luzes seriam a saída da humanidade de seu estado de tutela por meio do próprio discernimento, embora esse processo devesse ser coletivo e gradual, tendo a liberdade como base.

Ao contrário de outros filósofos interessados na história, Kant não escreveu nenhuma grande obra sobre o tema. Suas reflexões acerca do desenvolvimento humano no tempo foram apresentadas em trabalhos menores, especialmente em sua obra *Ideia de uma história universal como propósito cosmopolita*, de 1784.

Outro aspecto que o diferenciou de outros filósofos iluministas foi sua visão da história não apenas como um trajeto abstrato (do estado de natureza à civilização), mas como um processo real e empírico, ainda que dotado de sentido. Assim, seu pensamento acerca da história foi fortemente influenciado pela ideia de progresso, que seria o processo contínuo mediante o qual a natureza realizaria sua constituição perfeita por meio dos seres humanos. Isso ficou registrado em suas duas primeiras proposições na *Ideia de uma história universal*:

> *Todas as disposições naturais de uma criatura estão determinadas a desenvolver-se alguma vez de um modo completo e apropriado. [...] No homem (como única criatura racional sobre a terra), as disposições naturais que visam o uso da sua razão devem desenvolver-se integralmente só na espécie, e não no indivíduo.* (Kant, [S.d.], p. 5)

Dessa maneira, Kant cumpre o que seria o elemento fundamental de uma filosofia da história: a concepção de uma história humana progressiva e com um sentido final estabelecido. E faz isso ao comparar história e natureza na maturação dos seres e sociedades.

Inserido num contexto de crise da relação das concepções de conhecimento e de construção de uma nova visão de mundo e de história, o filósofo de Königsberg diferenciava a história dos historiadores (empírica e factual) da filosofia histórica (universal e ideal). Na primeira delas, a conduta humana – tomada isoladamente nas ações cotidianas – não deixaria visível o progresso; já a segunda seria responsável por demonstrar o sentido progressivo do tempo. Assim, as ações históricas, que são irracionais à primeira vista, ganhavam sentido com a leitura feita pela filosofia da história.

O sentido das ações humanas estaria determinado por uma espécie de "plano oculto da natureza". Homens e mulheres agiriam segundo a racionalidade, e essa racionalidade seria a característica atribuída aos seres humanos pela natureza para realizar seus desígnios, para alcançar seu ponto maior de desenvolvimento. Esse ponto final seria o grau máximo da sociabilidade humana e da liberdade, regulado juridicamente:

> *Pode encarar-se a história humana no seu conjunto como a execução de um plano oculto da Natureza, a fim de levar a cabo uma constituição estatal interiormente perfeita e, com este fim, também perfeita no exterior, como o único estado em que aquela pode desenvolver integralmente todas as suas disposições na humanidade.* (Kant, [S.d.], p. 15)

Embora as ações humanas fossem tomadas pelo quadro mais amplo do movimento da natureza, Kant não defendia que a história pertencia ao campo das ciências naturais. Não seriam as leis da natureza que determinariam as ações de homens e mulheres no tempo, mas as leis da liberdade da razão prática. Ainda assim, a existência da racionalidade garante o movimento em direção da realização do progresso, o "plano oculto da natureza".

Segundo Kant, a história no século XVIII começou a ser pensada criticamente junto com o restante do conhecimento. A história, então, passou a estar associada ao criticismo. Era por intermédio da atitude crítica que o passado devia ser indagado, buscando-se encontrar os elementos do desenvolvimento da liberdade, da razão pública e da própria reflexão sobre o presente que está sendo produzido. Essa capacidade crítica tornou a história o modelo para o pensamento das ciências do espírito.

Sobre a perspectiva da elaboração de um conhecimento organizado acerca do passado e sua relação com o progresso, Kant ([S.d.], p. 17) afirmou:

> *Um ensaio filosófico que procure elaborar toda a história mundial segundo um plano da Natureza, em vista da perfeita associação civil no gênero humano, deve considerar-se não só como possível, mas também como fomentando esse propósito da Natureza.* (Kant, [S.d.], p. 17)

Um dos grandes críticos de Kant na filosofia alemã foi Georg Wilhelm Friedrich Hegel (1770-1831). Nascido em Stuttgart, é considerado um dos mais influentes filósofos da história e, segundo o historiador José Carlos Reis (2013), uma das principais expressões do ponto de vista europeu sobre a história da humanidade, servindo até hoje como base para a política liderada pelas grandes nações "ocidentais".

Formado no seminário na cidade de Tübingen com outros importantes filósofos alemães, como Friedrich Schelling, Hegel foi fortemente impactado pelos acontecimentos da Revolução Francesa e teve uma carreira universitária que foi coroada com o posto de reitor da prestigiosa Universidade de Berlim – cargo que ocupou por mais de dez anos, até a sua morte.

Embora muito influenciado pelo Iluminismo, Hegel criticou a perspectiva kantiana de adotar o paradigma das ciências naturais como modelo para todo o conhecimento. Todavia, tampouco avançou para conclusões irracionalistas como aquelas desenvolvidas pelos românticos; pelo contrário, sempre se mostrou um fiel defensor da razão.

As concepções hegelianas sobre a história emergiram do diálogo entre a teologia da história e a filosofia da história iluminista. Ainda que pareçam tradições contrárias, o pensamento de Hegel se direcionou à elaboração de uma síntese que manteve características da historiografia cristã – como a ideia de história como objetivação de um plano divino –, incorporando as noções iluministas de razão, liberdade e progresso.

O principal legado da filosofia hegeliana da história tomou forma em *As lições sobre a filosofia da história universal*, obra póstuma elaborada por meio de uma compilação das notas dos alunos do curso lecionado por Hegel na Universidade de Berlim entre 1822 e 1831.

A introdução desse livro é um texto escrito pelo próprio filósofo e publicado com o título de "A razão na história".

De forma similar àquela utilizada por Kant, Hegel também trabalhou com a percepção de que haveria diferentes maneiras de tratar a história: a história original, a refletida e a filosófica. A **história original** estaria reduzida à descrição dos feitos do presente, sem grande alcance dentro do passado. Já a **história refletida** adentraria efetivamente no passado e estaria dividida em quatro grandes tipos: 1) a história geral, sempre ligada a determinado povo; 2) a história pragmática, voltada para o ensino de reflexões morais e usada basicamente na formação ética; 3) a história crítica, que trabalharia julgando a veracidade e a credibilidade das narrativas historiográficas; e 4) a história conceitual, que seria um movimento de transição para a história filosófica ao buscar uma perspectiva geral.

Por fim, Hegel tratou da **história filosófica**, sua interpretação no contexto das várias filosofias da história dos séculos XVIII e XIX. Diferentemente das outras abordagens historiográficas submetidas ao real empírico e aos dados factuais, a história filosófica seria uma especulação menos interessada na descrição do que ocorreu no passado e mais voltada para a produção de uma explicação coerente e conceitual da história humana. Em outras palavras, a filosofia da história seria responsável por achar o nexo racional entre acontecimentos históricos que, à primeira vista, pareceriam desconexos e isolados. Mas o que seria esse nexo racional?

O nexo racional entre os acontecimentos seria uma costura divina. Ao responsabilizar os filósofos pela descoberta desse nexo, Hegel concedeu à filosofia o caráter de discurso mais perfeito sobre Deus e sobre o mundo. Dessa maneira, a superação da fé dava-se por meio de sua incorporação em uma nova forma, mais complexa – um processo que o filósofo de Stuttgart conceituou como *aufhebung*, termo alemão, por vezes traduzido como "suprassunção", que unifica as ideias de incorporação e superação.

Se o cristianismo tinha trazido a enunciação da universalidade por meio do discurso de que todos e todas são filhos e filhas de Deus, a interpretação da filosofia hegeliana, partindo do livre arbítrio, foi a de que todos e todas seriam livres e, consequentemente, a história humana seria o processo de realização da liberdade. Tal processo seria marcado pelo progresso da razão na história universal, elevando o espírito humano na direção da consciência de sua liberdade.

Para Hegel, o espírito humano se materializaria na ação. Com isso, caberia perguntar: O que mobilizaria a ação de homens e mulheres? A resposta direta e óbvia poderia ser: a busca pela liberdade. Todavia, o filósofo de Stuttgart considerava essa liberdade como um princípio geral e abstrato, um nexo geral da motivação direta das ações humanas: as paixões.

Os objetivos individuais das pessoas, motivados por suas necessidades e paixões, seriam guiados pelo objetivo universal do espírito humano, o trajeto em direção à razão e à liberdade. Essa universalidade que orienta as ações poderia consolidar-se de duas maneiras: o conteúdo universal consciente e o conteúdo universal inconsciente. Qual seria a diferença entre os dois?

O **conteúdo universal consciente** seria determinado pelas ações morais dos indivíduos, que levam em conta sua percepção sobre bem e mal ao agir no mundo. A ação moral das pessoas, contudo, deve ser considerada sempre em relação aos costumes do povo no qual ela está inserida, de maneira que o importante, no sentido universal, é a harmonia entre a consciência individual e a coletiva.

Já o **conteúdo universal inconsciente** iria além das fronteiras de determinado povo. Isso é compreensível com base na visão de que um povo específico pode desenvolver uma ética baseada no vício e na fraude, por exemplo. Mas como esses conteúdos da ação humana, conscientes ou não, ligam-se à história?

Hegel considerava a trajetória humana como uma linha progressiva em direção à liberdade. Dessa maneira, seria possível julgar um povo superior ou inferior a outro nessa trajetória, decorrendo disso a dominação de uns pelos outros e a imposição de costumes dos povos superiores sobre os inferiores. Os grandes homens da história seriam aqueles que, compreendendo essa relação, fizeram de seu objetivo particular a realização da proposição universal do progresso. Assim, ações violentas como as guerras e as submissões exercidas por um povo sobre outro deixariam de ser vistas como moralmente recrimináveis, passando a estar legitimadas pela proposição do progresso da universalidade.

Ainda que de maneiras distintas, percebe-se que o progresso é uma chave do pensamento hegeliano, tal como é para as demais filosofias da história. Como movimento racional, a história humana avança progressivamente em direção à liberdade, a condição na qual o espírito humano se reconcilia consigo e com seu destino. Nas palavras do próprio Hegel (2001, p. 123): "Devemos então refletir sobre o espírito neste aspecto. Suas transformações não são simples transições rejuvenescedoras, retornos à mesma forma. Elas são aperfeiçoamentos de si mesmo, através dos quais multiplica o material para seus esforços".

Ainda que, à primeira vista, a história humana possa parecer um amontoado desordenado de acontecimentos, povos, Estados, guerras etc. que se sucedem de forma singular, a história universal não deveria, para Hegel, ser vista como o reino do particularismo. Caberia aos filósofos da história encontrar o nexo racional entre os acontecimentos, a razão que governa o mundo.

O único pensamento que a filosofia traz para o tratamento da história é o conceito simples de Razão, que é a lei do mundo e, portanto, na história do mundo as coisas aconteceram racionalmente. Essa convicção e percepção é uma pressuposição da história como tal; na própria filosofia a pressuposição não existe. A filosofia demonstrou através de sua reflexão especulativa que a Razão – esta palavra poderá ser aceita aqui sem maior exame da sua relação com Deus – é ao mesmo tempo **substância** *e* **poder infinito**, *que ela é em si o material infinito de toda vida natural e espiritual e também é a* **forma infinita**, *a realização de si como conteúdo. Ela é substância, ou seja, é através dela e nela que toda a realidade tem o seu ser e a sua subsistência. Ela é* **poder** *infinito, pois a Razão não é tão impotente para produzir apenas o ideal, a intenção, permanecendo em uma existência fora da realidade – sabe-se lá onde – como algo característico nas cabeças de umas poucas pessoas. Ela é* **o conteúdo** *infinito de toda a essência e verdade, pois não exige, como o faz a atividade finita, a condição de materiais externos, de meios fornecidos de onde extrair-se o alimento e os objetos de sua atividade; ela supre seu próprio alimento e sua própria referência. E ela é* **forma** *infinita, pois apenas em sua imagem e por ordem sua os fenômenos surgem e começam a viver.* (Hegel, 2001, p. 53, grifo do original)

A existência de uma ordem subjacente à história não é, como vimos, uma invenção hegeliana. Pelo contrário, o próprio filósofo de Stuttgart ressaltou que o primeiro a demonstrar isso teria sido o grego Anaxágoras, que classificou essa ordem não consciente de si mesma como *noûs*. Posteriormente, a filosofia cristã reconheceu a ordenação como uma providência divina. Essas duas interpretações haviam ficado insustentáveis na modernidade, de maneira que a filosofia havia chegado finalmente à percepção da razão como ordem do

Universo. Descobrir essa razão seria conhecer os desígnios divinos, a consciência absoluta.

> *A verdade de que uma Providência, ou seja, uma Providência divina, preside aos acontecimentos do mundo corresponde ao nosso princípio, pois a Providência divina é a sabedoria dotada de infinito poder que realiza o seu objetivo, ou seja, o objetivo final, racional e absoluto do mundo. A razão é o pensamento determinando-se em absoluta liberdade.* (Hegel, 2001, p. 56)

A análise histórica empreendida por Hegel consistiu em, partindo do grau de desenvolvimento do espírito, classificar a trajetória da existência humana em quatro grandes estágios relativos à razão e à consciência da liberdade:

1. o mundo oriental, que seria a etapa mais primitiva, na qual a liberdade estava constrangida pelo despotismo;
2. o mundo grego, que foi o momento em que a consciência da liberdade alcançou maior abrangência (considerando-se o surgimento do *logos* e da democracia), ainda que a existência da escravidão determinasse o quadro em que só alguns eram livres;
3. o mundo romano, que manteve a liberdade restrita a alguns;
4. o mundo germânico, que, com o cristianismo luterano e a formação do Estado, garantia a liberdade a todos.

É possível perceber, portanto, por que a filosofia da história hegeliana serve de base para a concepção "ocidental" e eurocêntrica do desenvolvimento histórico, já que o progresso do espírito seria um movimento similar ao do Sol: nascendo no Oriente e pondo-se no Ocidente. A própria ideia de um pôr do sol aponta para outra característica fundamental do pensamento de Hegel e uma consequência do sentido da evolução humana: a ideia do fim da história. Quando a história teria fim?

O fim da história é o momento da reconciliação entre os seres humanos e seu espírito, ou seja, a plena liberdade, o mundo em que os homens se reconheceriam como iguais e livres do domínio do mal. Esse momento estaria realizado no Estado moderno, o ponto de chegada da história.

> *O Estado é a realização da Liberdade, do objetivo final absoluto, e existe por si mesmo. Todo o valor que tem o homem, toda a sua realidade espiritual, ele só a tem através do Estado. Sua realidade espiritual é a presença consciente para ele de sua própria essência, a presença da Razão, de seu objetivo, a realidade imediata presente em si e para si. Só assim ele tem plena consciência, assim ele compartilha da moral, da vida legal e moral do Estado, pois a Verdade é a união da vontade universal com a vontade particular. O universal no Estado está em suas leis, suas disposições racionais e universais. O Estado é a Ideia divina como ela existe sobre a terra.*
>
> *Portanto, o Estado se torna o objeto preciso da história do mundo; é onde a Liberdade obtém a sua objetividade e se mantém no gozo desta objetividade. A Lei é a objetividade do Espírito, é a vontade em sua forma verdadeira. Só a vontade que obedece à lei é livre, pois obedece a si e, estando em si, sendo independente, ela é livre. Quando o Estado, nosso País, constitui uma comunidade de existência e quando a vontade subjetiva do homem se sujeita às leis, a contradição entre a liberdade e a necessidade desaparece. São necessários tanto o racional, como o material. Somos livres quando o reconhecemos como lei e o seguimos como sendo a matéria de nosso próprio ser. A vontade objetiva e a vontade subjetiva estarão conciliadas então, formando um só conjunto harmonioso.* (Hegel, 2001, p. 90-91)

Hegel foi um dos filósofos mais influentes do mundo moderno. Sob a influência da Revolução Francesa (ainda que crítico da maneira violenta como ocorreu), contribuiu para estabelecer os fundamentos do eurocentrismo na análise histórica, mesmo se distanciando – como veremos – das perspectivas dos primeiros historiadores profissionais.

A historiografia institucional do século XIX e outras correntes, como o materialismo histórico, criticaram fortemente a filosofia da história hegeliana por seu afastamento em relação aos dados e às relações sociais concretas. Ainda assim, a perspectiva do domínio do "ocidente" permaneceu no trabalho dos historiadores europeus.

(2.5)
A HISTORIOGRAFIA ANGLO-SAXÃ

Sem dúvida, a mais influente perspectiva histórica desenvolvida no Iluminismo nos territórios anglo-saxões foi a da Escola Escocesa. Todavia, houve uma importante produção historiográfica tanto na Inglaterra quanto nos Estados Unidos. Obviamente ligada ao desenvolvimento da pesquisa histórica ocorrido na França, cresceu na Inglaterra uma demanda por uma historiografia mais filosófica, do mesmo nível daquela feita por Hume ou Robertson, no contexto do aumento da indústria editorial e da produção histórica institucional no país. Para efeitos de comparação, quando a indústria editorial escocesa dava seus primeiros passos, o mercado londrino já estava saturado de publicações locais sobre o passado.

O nome mais importante da historiografia inglesa da virada do século XVIII foi Edward Gibbon (1737-1794). Vindo de uma família abastada, o jovem pôde se dedicar aos estudos, passando até mesmo por diferentes países da Europa Continental após sua expulsão da

Universidade de Oxford por ter se convertido ao catolicismo – o que acabou por gerar uma atitude crítica em relação à religião.

Em seus estudos, Gibbon recebeu a influência de autores importantes do período, como Hume e Voltaire, mas foi a experiência nas ruínas da antiga cidade de Roma que o levou a escrever a história do Império Romano. O primeiro volume de *A história do declínio e queda do Império Romano* foi lançado em 1776, mesmo ano em que Adam Smith publicava *A riqueza das nações*. O alcance do livro de Gibbon é tão amplo que ele não só foi considerado a primeira obra moderna de História Antiga, como continua a ser publicado e pode ser encontrado com facilidade ainda hoje em grande parte das livrarias.

O trabalho de Gibbon é tido como a obra na qual há a melhor síntese entre a perspectiva da filosofia da história e a prática dos eruditos e antiquaristas mais tradicionais, que já produziam uma história da Antiguidade desde o Renascimento. A forma que assumiu essa síntese foi a demonstração de generalizações humanas, sem desvalorizar a diversidade das experiências humanas e as diferenças entre passado e presente.

A redação de *A história do declínio e queda do Império Romano* foi acompanhada de uma extensa pesquisa no que se refere tanto à documentação primária quanto ao trabalho de antiquaristas. Isso transformou o texto de Gibbon num tratado de erudição repleto de citações e notas, incorporando alguns dos aspectos já usados por eruditos e que seriam uma das bases do trabalho dos historiadores institucionais, estabelecido no século posterior. No prefácio do primeiro volume, o autor afirma:

> Diligência e precisão são os únicos méritos que um escritor histórico deve atribuir a si mesmo; se qualquer mérito, de fato, pode ser assumido do desempenho de um dever indispensável. Eu devo, portanto, me permitir

Fábio Frizzo

dizer que eu examinei cuidadosamente todos os materiais originais que poderiam ilustrar o assunto que eu havia me comprometido a tratar. Se eu chegar a completar o extensivo projeto que rascunhei no Prefácio, eu devo, talvez, concluir com um relato crítico dos autores consultados durante o progresso de todo o trabalho; e, no entanto, tal tentativa pode incorrer na censura da ostentação, eu estou persuadido de que isso seja suscetível de entreter tanto quanto informar. (Gibbon, 1906, p. XXXIII, tradução nossa)

A explicação de Gibbon para o declínio do Império Romano guardava características que o posicionaram próximo da filosofia da história, como a ênfase no papel do barbarismo e da religião como causas. Nesse sentido, aproximava-se da visão filosófica em três frentes: 1) na busca por causalidades históricas; 2) na definição do barbarismo como algo negativo ou como um nível mais primário no progresso civilizacional linear; e 3) no olhar crítico sobre o papel da religião.

Gibbon adotou uma perspectiva de progresso centrada na evolução de etapas baseadas em formas de subsistência ou, em outras palavras, nas estruturas econômicas. Com isso se aproximava de seus contemporâneos escoceses a ponto de alguns o considerarem uma espécie de membro honorário da Escola Escocesa. Embora reconhecesse o papel das ações de indivíduos geniais ou grupos ilustrados no desenvolvimento histórico, entendia que os avanços civilizacionais desencadeados por esses elementos poderiam regredir, diferentemente das condições ligadas à subsistência.

Se a barbárie era o estágio primário da civilização, isso não significa que Gibbon não fizesse distinção entre diferentes povos que se encontravam nesse nível. Negando a perspectiva plena de leis gerais universais, característica do Iluminismo, o autor inglês diferenciava os bárbaros germânicos dos africanos, identificando nos últimos uma incapacidade de progredir. Isso aponta para um dos elementos que o distinguem dos historiadores românticos que lhe foram posteriores: Gibbon propagandeava a grandeza europeia, e não nacional.

A esta altura, você, leitor – e, principalmente, leitora –, deve estar se perguntando: Não havia nenhuma mulher produzindo análises sobre o passado nessa época? Numa Europa marcada por intelectuais homens, a historiografia inglesa do século XVIII contou com uma das primeiras autoras mulheres na área: Catharine Macaulay (1731-1791). Ela escreveu sua *História da Inglaterra* adotando uma abordagem bastante avançada para o período no que diz respeito ao tratamento das fontes, do método e das temáticas, com uma perspectiva filosófica sofisticada no que se refere à causalidade e à mudança na história. Macaulay enfatizou o papel do acaso e das consequências não pretendidas no desenvolvimento social e tratou a liberdade menos como um ideal abstrato e mais como um efeito tanto da mudança econômica quanto de culturas políticas no processo histórico.

Além de Macaulay, outras historiadoras foram importantes na Inglaterra da virada do século XVIII para o XIX. Elas se concentraram em assuntos pouco abordados na época, como as formas de mudança na cultura, num sentido mais ligado a questões dos costumes.

Toda uma geração de mulheres fez suas carreiras na historiografia afastando-se da narrativa política em direção a uma história biográfica fortemente contextualizada, que tratava da vida de rainhas e outras personagens notáveis. Autoras como Mary Haws, Elizabeth Benger, Lucy Aikin e Marry Berry compunham uma história feita por mulheres sobre ícones femininos como Ana Bolena ou as rainhas Elizabeth e Mary da Escócia. Isso fez com que gêneros literários e historiográficos, como a história biográfica e a história da arte, tivessem suas raízes na história dos costumes do Iluminismo.

Fábio Frizzo

Nos Estados Unidos, até finais do século XVIII, as análises do passado tinham um caráter regional, com publicações que se concentravam nas histórias individuais de cada uma das 13 colônias. Após a independência, a historiografia passou a adotar uma dimensão mais nacional, acompanhando a necessidade de unificação territorial. Embora tenha buscado uma proximidade com a filosofia da história iluminista, a tradição estadunidense recém-nascida se diferenciava da de seus colegas europeus pela forte ênfase na crítica à monarquia.

A primeira obra produzida sob essa perspectiva foi a *História da Revolução Americana*, de David Ramsay, publicada em 1789. O próprio autor havia iniciado sua carreira com um volume sobre a história revolucionária de seu estado natal, Carolina do Sul. Vários anos depois, em 1805, foi lançado o segundo trabalho que abordava a história da revolução sob uma dinâmica nacional, a *História do surgimento, progresso e término da Revolução Americana*, de Mercy Otis Warren.

Mercy Otis Warren (1728-1814) cresceu em uma família de opositores do domínio britânico. Diferentemente da maioria das mulheres de sua classe, desafiou os padrões de gênero com sua insaciável ambição nos estudos e foi apoiada por seu pai, um advogado formado em Harvard que sempre a incentivou e a tratou como uma intelectual capaz e talentosa.

Ao casar-se, Mercy Warren teve tratamento similar por parte de seu marido, James Warren, um político reconhecido e que desempenhou um papel importante na independência do país, servindo como tesoureiro dos exércitos de George Washington. Ela mesma se envolveu bastante no processo político de luta contra o governo britânico, participando de comitês de discussão e organizando-se num ciclo de intelectuais que incluía várias outras mulheres.

Mercy Warren se correspondeu com a historiadora britânica Catharine Macaulay. As cartas demonstram sua consciência acerca das questões relacionadas às mulheres, o apoio de Macaulay à luta pela independência e o incentivo a seu trabalho historiográfico num contexto em que a cidadania feminina ainda era restrita.

O interessante da obra de Warren e dos historiadores estadunidenses de sua geração é que estes, assim como seus colegas europeus, não viam uma contraposição entre o fazer historiográfico e a defesa clara de posições políticas. A própria escrita da história era vista como ato revolucionário de propagação de exemplos morais a serem seguidos por todos e todas.

Numa realidade em que a tradição historiográfica era fortemente marcada pela descrição de batalhas e movimentos políticos e militares, as mulheres eram vistas como incapazes de escrever sobre o passado por conta de sua inexperiência militar. Warren desafiou isso não apenas com sua produção, mas com o questionamento político acerca do papel público das mulheres na política.

O ataque aos papéis tradicionais de gênero de sua época não significou, todavia, a defesa de uma igualdade irrestrita. Mercy Warren pregava um governo dos mais aptos e bem-educados. Outrossim, suas posições acerca dos americanos nativos eram fortemente influenciadas pela Escola Escocesa, classificando-os como selvagens primitivos a serem civilizados pelo progresso.

Outra coincidência entre o trabalho de Mercy Warren e seus pares europeus da filosofia da história era a busca por uma explicação secular em sua história da revolução, protagonizada pelos seus antepassados, mas sem negar algum papel à providência divina. Tal como outros autores iluministas, a ação divina se realizava por meio das atitudes humanas.

Fábio Frizzo

Síntese

A abordagem da filosofia da história sobre a trajetória humana fez parte de um projeto mais amplo de visão de mundo ligada ao surgimento de uma nova organização social com a ascensão da burguesia. Nesse sentido, as obras historiográficas assumiam propósitos políticos bem definidos e fortemente críticos. Uma das características centrais dessa forma de ver o passado é a busca por uma lógica interna ou, em outras palavras, pela natureza e pelas causas do progresso humano. As respostas a essa procura foram diversas e sempre apontavam para um fim da história marcado pelo ponto máximo de desenvolvimento – do comércio e da economia, da razão ou da liberdade.

Independentemente do critério adotado como lógica interna do desenvolvimento, as distintas filosofias da história viram o passado sob uma perspectiva teleológica e progressiva. Dessa maneira, era possível identificar na trajetória humana diferentes estágios, permitindo a comparação entre povos ou momentos históricos superiores e inferiores.

No entanto, os eventos ocorridos na Europa no início do século XIX acabaram por modificar completamente o quadro intelectual "ocidental", com a crítica ao o Iluminismo e, consequentemente, o estabelecimento de novas formas de compreender a história.

Atividades de autoavaliação

1. *Ensaio sobre os costumes* foi a obra de Voltaire que mais avançou em relação aos relatos historiográficos comumente feitos em sua época. Sobre as características do pensamento histórico de Voltaire, analise as afirmações a seguir.

I) Voltaire defendeu a importância de se estudarem os interesses coletivos para além de uma história que tivesse apenas a aristocracia como sujeito.

II) O autor ampliou os limites geográficos e temáticos da história produzida até então, rompendo a barreira das fronteiras europeias e da tradição cristã.

III) A filosofia da história de Voltaire buscou leis gerais sobre a natureza e as causas do progresso humano.

IV) O autor se prendeu à dinâmica dos relatos factuais, afastando-se de conclusões mais amplas sobre a sociedade.

Agora, assinale a alternativa correta:

a) Apenas as sentenças I, II e IV são verdadeiras.
b) Apenas as sentenças I, II e III são verdadeiras.
c) Todas as sentenças são verdadeiras.
d) Apenas as sentenças I e III são verdadeiras.

2. Embora seja mais conhecido pelo seu trabalho com a economia política, Adam Smith teve papel importante na filosofia da história desenvolvida pela Escola Escocesa. Sua análise do passado tinha como eixo central o conceito de progresso como linha única do desenvolvimento de todas as civilizações. Sobre a perspectiva de Smith acerca da história humana, assinale a alternativa correta:

a) O autor desenvolveu uma teoria etapista do desenvolvimento social baseada nos distintos modos de subsistência utilizados pelas sociedades humanas em sua trajetória temporal.

b) Smith deu ênfase à existência do livre mercado em toda a história da humanidade.

Fábio Frizzo

c) O trabalho de Smith acerca da história humana distanciou-se dos demais representantes da Escola Escocesa, que criticavam o ideal de progresso.

d) Em sua obra *A riqueza das nações*, Smith demonstrou como diferentes sociedades poderiam passar por formas distintas na evolução de seus modos de subsistência.

3. Mesmo contendo pontos em comum com os iluministas, o pensamento histórico da filosofia da história proposta por Georg Hegel manteve um relacionamento intrínseco com a religião, ao mesmo tempo que assumiu uma perspectiva progressista direcionada a um fim da história. Sobre a filosofia da história de Hegel, assinale a alternativa correta:

   a) Para o filósofo, o futuro seria um retorno aos tempos gloriosos do passado.

   b) Hegel identificava na história um plano divino de progresso em direção à razão e à liberdade.

   c) Os relatos do passado elaborados por Hegel em sua obra tinham forte base empírica, garantida em abundantes citações de documentação escrita, iconográfica e material.

   d) A filosofia da história de Hegel opunha-se diretamente ao conceito de razão proposto pelo Iluminismo.

4. Lançada em 1776, a obra *A história do declínio e queda do Império Romano* é um dos registos historiográficos mais conhecidos e vendidos na história da produção bibliográfica sobre o passado. Nele, Edward Gibbon demonstra empiricamente os princípios que o aproximavam da filosofia da história. Sobre os elementos comuns entre o trabalho de Gibbon e o pensamento da filosofia da história, analise as sentenças a seguir.

I) Ambos partem do princípio da existência de causalidades históricas.
II) Gibbon se diferenciava de muitos filósofos da história por sua defesa acrítica da religião.
III) O autor tratou de se guiar pelo princípio do progresso, fundamental na filosofia da história.
IV) *A história do declínio e queda do Império Romano* trabalha com uma definição negativa dos povos germânicos, considerados bárbaros por estarem em um estágio anterior no progresso civilizacional.

Agora, assinale a alternativa correta:

a) Apenas as sentenças I, II e III são verdadeiras.
b) Apenas as sentenças I, II e IV são verdadeiras.
c) Todas as sentenças são verdadeiras.
d) Apenas as sentenças I, III e IV são verdadeiras.

5. Na passagem do século XVIII para o XIX, a produção historiográfica iluminista nos Estados Unidos da América deu início a uma série de análises que podem ser vistas como frutos do processo de independência das 13 colônias. Sobre essa produção, assinale a alternativa correta:

a) A historiografia estadunidense manteve os mesmos métodos utilizados pelos iluministas europeus, diferenciando-se apenas pela defesa intransigente da monarquia por parte dos americanos.
b) Diferentemente do contexto europeu, a historiografia iluminista dos Estados Unidos da América ficou marcada pela inexistência de qualquer análise produzida por autoras mulheres.

c) A filosofia da história elaborada pelos autores dos Estados Unidos da América esteve marcada por um forte anticlericalismo e uma negação absoluta da existência da providência divina no estabelecimento dos rumos das ações humanas.

d) Tal como seus colegas europeus, a tradição historiográfica iluminista dos Estados Unidos da América destacava a escrita da história como ato revolucionário de propagação de exemplos morais.

Atividades de aprendizagem

Questões para reflexão

1. Partindo da perspectiva da teologia da história cristã, diferencie a história profana da história sagrada.

2. Ainda que as diferentes filosofias da história tenham, no geral, assumido a hegemonia da explicação do passado, destronando a teologia da história cristã, a relação entre essas duas maneiras de lidar com a ação humana no tempo guardam algumas proximidades. Identifique as similaridades e as diferenças entre a teologia da história e a filosofia da história.

3. É possível afirmar que a filosofia da história hegeliana serviu como base para a difusão do eurocentrismo e a construção de uma epistemologia colonial, na qual o conhecimento elaborado por outros povos deveria ser substituído pelas formas desenvolvidas em parte da Europa durante o século XIX, associando-se ao neocolonialismo. Explique a relação entre a filosofia da história de Hegel e o eurocentrismo.

Atividade aplicada: prática

1. Com base em pesquisas em manuais de filosofia ou *sites* na internet, elabore um resumo dos principais elementos dos pensamentos de Kant e Hegel. Depois, compare as reflexões filosóficas desses pensadores às suas considerações sobre a história.

Capítulo 3
O romantismo e
o surgimento da história
erudita

O início do século XIX foi marcado, na Europa, pela consolidação da hegemonia burguesa e pela reação ao Iluminismo, em consequência da resistência às invasões napoleônicas. Esses dois movimentos resultaram na criação de uma identidade social estruturada sobre o conceito particularista de nação, em oposição à humanidade do universalismo iluminista. Esse foi o contexto de elaboração de algumas das principais características da forma atual de nos relacionarmos com nosso passado, entendermos nosso presente e planejarmos nosso futuro.

Aí surgiu a história como área do conhecimento preocupada em construir as raízes das identidades nacionais, projetadas no passado e naturalizadas como aspectos anistóricos e até biológicos. Para alcançar tais objetivos, criaram-se associações, organizaram-se arquivos e publicaram-se coletâneas de documentos e inúmeras obras de histórias nacionais. Tanto a historiografia erudita francesa quanto a concepção *whig* britânica começaram a desenvolver métodos e a construir narrativas marcadas pelas expressões, cheias de vida e emoção, dos espíritos dos povos europeus.

(3.1)
O ROMANTISMO E O SURGIMENTO DAS NAÇÕES

A Revolução Francesa é assumida como a culminação do projeto ilustrado de crítica ao Antigo Regime e à visão de mundo que lhe era característica, entremeada pela religião e pelo corte de uma sociedade dominada pela aristocracia. Ao processo revolucionário francês seguiu-se a expansão de uma das faces desse projeto, a cargo dos exércitos napoleônicos. As Guerras Napoleônicas foram um marco para os regimes aristocráticos europeus. Por meio da pressão – e, por vezes, da própria invasão – militar, muitas monarquias europeias sofreram um baque, estremecendo a base de sustentação da lógica aristocrática que resistia no poder.

A historiografia desenvolvida no século XIX surgiu no contexto da reação europeia às Guerras Napoleônicas. Tal reação estava ligada à identificação do projeto iluminista com a violência das invasões, gerando um afastamento dos princípios da Ilustração e o surgimento de um novo movimento intelectual, o **romantismo**.

As primeiras décadas dos Oitocentos foram marcadas pela reação aristocrática que culminou no Congresso de Viena (1814-1815), com o restabelecimento de monarquias e a redefinição das fronteiras europeias. Independentemente dos anseios dos grupos mais conservadores, que buscavam o retorno à sociedade do Antigo Regime, a dinâmica burguesa já estava assentada no funcionamento social. Isso ficou claro alguns anos depois, com o estouro das revoluções liberais da década de 1830, nas quais a burguesia dirigiu a insatisfação de diversas camadas sociais contra o domínio aristocrático. Com a vitória das revoluções liberais, a visão de mundo burguesa alcançou a hegemonia política e social de forma definitiva.

No Antigo Regime, o cimento social – a lógica que aglutina as pessoas de determinada sociedade – tinha como base a figura do monarca. A identificação feita entre os indivíduos partia basicamente da ideia de submissão a uma mesma família real. Dessa maneira, por exemplo, um indivíduo no Rio de Janeiro, um em Macau e outro em Lisboa tinham a identidade comum de súditos da Coroa do Império Ultramarino lusitano. Com a derrota da visão de mundo aristocrática, a nova sociedade burguesa demandava um cimento social novo, cada vez mais independente da figura dos monarcas. Qual foi a resposta encontrada para essa necessidade? A solução passaria pela construção das tradições nacionais e pela fundação dos Estados-nação.

As tradições nacionais se apoiaram na história para buscar os elementos essenciais e distintivos de cada povo. Cada nação estaria ancorada no espírito ou na natureza ancestral particular ao seu povo. Dessa maneira, valorizava-se o particularismo de cada sociedade, ao contrário do universalismo que havia sido proposto pela dinâmica iluminista, muito bem representada pela ideia de uma Declaração Universal dos Direitos Humanos, calcada na perspectiva dos direitos naturais.

O Contrailuminismo do século XIX surgiu como reação às invasões napoleônicas, vistas como executoras do projeto universalista da Revolução Francesa. Tal reação, por sua vez, utilizou-se da valorização dos particularismos nacionais europeus como motivação contra a invasão estrangeira.

Seria, contudo, a criação de um consenso social cimentado na identidade nacional o suficiente para garantir a ordem social num contexto tumultuado e marcado por revoltas como o da Europa no início do século XIX? A nova ordem burguesa teria capacidade de se impor utilizando apenas essa ferramenta ideológica? A resposta a tais questões só pode ser "não". O processo foi acompanhado pelo desenvolvimento de um poderoso sistema coercitivo, estruturado na elaboração de códigos jurídicos que refletissem a especificidade dos direitos de cada nação, afastando-se do universalismo dos direitos voltados para toda a humanidade. Acompanhando o Estado de direito (com pretensões mais ou menos democráticas), foram instituídos um sistema carcerário e forças policiais centralizadas à disposição dos governos nacionais. Unificavam-se, consequentemente, consenso e coerção na elaboração de uma nova realidade social.

A análise do passado teve papel fundamental na face consensual dessa nova realidade. A valorização dos diferentes espíritos nacionais estava ligada diretamente ao desenvolvimento da História como disciplina acadêmica. Como vimos, uma visão de mundo deve buscar no passado as raízes de determinada explicação do presente e de um projeto de futuro defendido por um grupo social específico. Os Estados nacionais que surgiam investiram na investigação e na produção historiográfica como forma de estabelecer essas raízes e continuidades históricas. Isso levou tanto ao estabelecimento de instituições de pesquisa e cursos universitários voltados para a história quanto ao surgimento de uma educação popular voltada para a criação da identidade baseada na cidadania e no patriotismo.

Só na França, entre 1830 e 1870, foi criada quase uma centena de sociedades dedicadas à análise do passado, envolvendo a pesquisa arqueológica e histórica. Esse movimento foi acompanhado em outras nações europeias, como a Royal Historical Society, no Reino Unido, por exemplo.

O nacionalismo, no século XIX, foi sustentado basicamente por dois tipos de abordagens historiográficas. A primeira era uma **história romântica**, com o propósito de transformar o passado em algo vivo e agradável aos leitores; a segunda esteve mais ligada à **perspectiva acadêmica** e buscou estabelecer os critérios de uma visão científica e objetiva sobre o passado. Muitos autores, como veremos, foram influenciados de distintas maneiras por esses dois tipos de abordagens, buscando uma história científica sem descuidar da forma ou, por outro lado, uma história mais agradável sem perder a pretensão de objetividade. De qualquer maneira, todas essas perspectivas acerca da história estavam ligadas ao romantismo. Mas o que significa *romantismo*?

O significado preciso do termo esteve em disputa desde o próprio século XIX, com autores defendendo definições mais ou menos distintas. Essa tradição permanece, e não há também entre os comentadores modernos algo totalmente consensual. De qualquer maneira, desde o século XIX alguns elementos básicos sempre estiveram ligados à perspectiva romântica. O ponto central era a rejeição ao Iluminismo, expressa não apenas na valorização das particularidades em detrimento das universalidades, mas também na crítica à razão em favor da centralidade das sentimentos.

O romantismo também esteve associado a uma visão distinta acerca da natureza. Se o Iluminismo buscou a natureza por meio da decifração das leis universais de seu funcionamento, os intelectuais românticos enalteciam a natureza pelo que ela tinha de divino. Nesse contexto, o artista era o profissional a ser valorizado por ser especialmente sensível às emoções e estar mais próximo das verdades divinas, reveladas por meio da imaginação na representação da natureza.

A estética romântica invertia o papel dado pelo Iluminismo à figura do artista. Para os ilustrados, a arte era um reflexo da realidade; o artista apenas representava o mundo natural, como um espelho. Para os românticos, o indivíduo representava a natureza por meio de sua imaginação, metaforizada como uma lâmpada, que iluminava com cores diferentes a realidade. Assim, a interpretação criativa do artista seria mais importante do que a descoberta de uma verdade por meio da razão. Onde os historiadores e as historiadoras se encaixam nesse panorama?

Os historiadores e historiadoras românticos afiliaram-se à ideia da história como uma arte literária, o que fez com que buscassem conciliar o comprometimento com os fatos passados à imaginação. Mais do que relatar o ocorrido, o trabalho historiográfico era recriar o passado mediado pela subjetividade e pela imaginação.

O século XIX foi marcado por um fascínio pelo passado, materializado tanto na institucionalização da História como disciplina quanto em sua popularização como gênero literário. A relação com o passado também diferia da observada nos iluministas no sentido da conexão com o presente. A filosofia da história ilustrada buscou usar o passado para compor uma linha vetorial do progresso, explicando o presente e apontando para um futuro determinado. A razão inerente a esse processo chegou a proporcionar a imaginação de cenários nos quais a história terminaria. Os românticos, diferentemente, olhavam para o passado com o intuito de demonstrar sua grandeza, o que resultava numa tentativa de entendê-lo por si mesmo, independentemente de sua ligação com o presente.

No sentido contrário das buscas iluministas pelas leis gerais constantes na história, a historiografia romântica esteve interessada em compreender as singularidades, as diversidades e as especificidades de cada momento histórico. Esse "concreto vivido" era encontrado nas fontes, que, portanto, deveriam ser extremamente valorizadas e bem trabalhadas.

Uma das bases filosóficas mais influentes na historiografia romântica foi o trabalho de Johann Gottfried von Herder (1744-1803), que criticou as pretensões universais na história como generalizações de casos particulares, muito distantes do efetivamente ocorrido. O particularismo defendido por ele tinha a especificidade de ser proveniente da empatia e da intuição do historiador. Segundo o próprio autor,

> *A fim de sentirdes a natureza integral da alma que reina em cada uma das coisas, que, servindo de si própria como modelo, modela todas as outras tendências e todas as outras faculdades espirituais, e matiza mesmo as ações mais triviais, não limiteis a vossa resposta a uma palavra, mas penetrai profundamente neste século, nesta região, nesta história inteira, mergulhai em tudo isto e senti tudo isto dentro de vós próprios – só então estareis em situação de compreender, só então desistireis da ideia de comprar cada coisa, em geral ou em particular, com vós próprios. Pois seria*

estupidez manifesta que vos considerásseis a quinta essência de todos os tempos e de todos os povos. (Herder, 1995, p. 182)

Outro filósofo reivindicado pelos historiadores do romantismo foi o italiano Giambattista Vico (1668-1744), que publicou *Os princípios da ciência nova*, pregando uma reação contra o racionalismo de René Descartes. Vico foi desprezado pelos filósofos de seu tempo e ficou esquecido perante outros italianos interessados na história, como Ludovico Muratori e Pietro Giannone, sendo resgatado pelos românticos.

A busca por uma compreensão do passado segundo suas próprias lógicas significaria a negação, por parte dos historiadores românticos, da existência de um propósito político para a História? Pelo contrário, havia bastante clareza no uso do passado como forma de destacar as continuidades das características essenciais dos espíritos nacionais, por exemplo. Nesse sentido, podemos afirmar sem medo que a história foi utilizada tanto no intuito de defender a ordem social estabelecida quanto na tentativa de questioná-la. Nas palavras do catalão Josep Fontana (2004, p. 176):

> *Os grandes historiadores franceses do romantismo foram homens da geração que chegou ao primeiro plano depois da revolução de 1830 e escreveram a serviço das ideias liberais com o propósito de consolidar ideologicamente a nova ordem social burguesa. Tudo começou depois de 1820, quando a trégua social, alcançada nos primeiros momentos pela monarquia francesa restaurada, viu-se ameaçada pelas tentativas dos grupos sectários que queriam voltar ao passado. Foi, então, que um grupo de jovens políticos liberais recorreram à escrita da história da revolução francesa com o intuito de defender sua herança burguesa: a história estava elaborando, nestes anos, a linguagem que a política usaria.*

A escrita da história, portanto, manteve seu papel nas disputas entre distintas formas de compreender o mundo e projetos de sociedade.

(3.2)
A HISTORIOGRAFIA ERUDITA NA FRANÇA DE THIERRY A FUSTEL DE COULANGES

A valorização do trabalho denso com a documentação para a compreensão do passado não era uma coisa exatamente nova na França. As raízes fundamentais da crítica documental foram estabelecidas ainda no século XVII, com a *De re diplomatica*, publicada por Dom Mabillon em 1681. Mais de 70 anos depois, o abade Goyer escreveu sobre a fatiga proporcionada pelo trabalho de erudição e o prazer de apenas discorrer sobre as superfícies da história de maneira fluida.

Segundo Bourdé e Martin (1990), as principais características da historiografia erudita foram:

a) o culto aos documentos originais como cartas, decretos, bulas, selos e brasões;
b) a publicação de instrumentos de trabalho como dicionários de paleografia e dicionários históricos para facilitar a interpretação correta dos documentos;
c) a elaboração de uma cronologia precisa.

No contexto oitocentista da preocupação em estabelecer uma história nacional, Augustin Thierry (1795-1856) teve papel importante com suas *Cartas sobre a história da França*, publicadas em 1817. Na obra, Thierry atacava a história tradicional por sua falta de precisão e pela consequente falsificação histórica, em decorrência da falta de uso da documentação, que deveria ser utilizada criticamente a partir do trabalho nos arquivos.

O apreço às fontes fez com que Thierry fosse comissionado oficialmente para organizar e publicar uma compilação de documentos históricos. Na introdução, lançada em 1853, o autor apontou a necessidade de substituir uma história de reis, clérigos e aristocratas por relatos do passado do "terceiro estado", com o significado de uma história da nação.

Cabe ressaltar que, no século XIX, um sexto dos historiadores franceses eram religiosos ou padres, o que levava a uma concentração extrema dos trabalhos. Mesmo as edições de fontes estavam focadas em hagiografias que contavam a vida dos santos. Com o passar do século, iniciou-se um processo de valorização de edições críticas da documentação – movimento que pode ser percebido pelo aumento considerável das notas de referência. Segundo Bourdé e Martin (1990), a arqueologia e a história compunham um total de 10% da produção editorial francesa. A ênfase historiográfica estava na história nacional (com 90% dos títulos) e na documentação religiosa da Idade Média.

Sabemos que a Idade Média foi um período extremamente valorizado pelo romantismo. Mas por quê? Momento de exaltação dos povos que haviam sido a origem das nacionalidades francesa, inglesa e alemã, por exemplo, o período medieval era ainda associado ao universo místico e às memórias afetivas, tão criticados pelos iluministas das gerações anteriores.

Outro destaque da historiografia romântica francesa foi François Guizot (1787-1874). Tradutor da obra de Edward Gibbon, foi fortemente influenciado pelo trabalho do britânico. Assumiu um cargo para dar aulas de História numa faculdade de Letras e ficou famoso por seus cursos sobre história do governo representativo, a ponto de ser perseguido pelo governo monárquico.

Fábio Frizzo

Impedido de dar aulas, Guizot se dedicou a escrever sua *História da Revolução na Inglaterra*, que teve os primeiros volumes publicados em 1826 e 1827. No ano seguinte, retomou a atividade docente, lecionando um curso de História Moderna.

A Revolução de 1830 foi comemorada por historiadores franceses como Guizot, que assumiu o cargo de ministro do Ensino Público entre os anos de 1832 e 1837. Suas decisões mais importantes para a profissionalização da historiografia francesa foram a criação do Comitê dos Trabalhos Históricos, destinado a organizar e publicar documentação inédita sobre a história nacional, e a fundação da Sociedade da História da França, dedicada a discutir e publicar volumes sobre o tema. Ao todo, até 1860, os esforços conjuntos do Comitê e da Sociedade levaram à publicação de 103 volumes de fontes e mais de 70 análises historiográficas.

Pego de surpresa pela Revolução de 1848, Guizot exilou-se na Inglaterra, retornando à pesquisa sobre a história local. Em uma análise de sua obra completa, fica clara a influência de Gibbon e da perspectiva de civilização e progresso constituída no Iluminismo inglês. Sem deixar de expressar claramente características do romantismo, Guizot trabalhava com a ideia de um progresso civilizacional associado ao bem-estar material e uma lógica etapista de desenvolvimento, que tinha raízes na Escola Escocesa.

O historiador francês mais importante do período foi, indubitavelmente, Jules Michelet (1798-1874). Filho de um revolucionário de 1789, Michelet ganhou, aos 23 anos, o posto de professor de liceu e passou a ensinar Filosofia e História. Em 1830, com o novo regime político, assumiu o cargo de chefe da seção histórica do Arquivo Nacional, dedicando-se a supervisionar a classificação da documentação e a estabelecer os procedimentos eruditos de verificação voltados à garantia da cientificidade da história romântica.

Michelet foi fortemente crítico a outros historiadores do período, cujas obras não eram marcadas por uma abundância de trabalho documental. Embora valorizasse a especificidade do passado a partir das fontes, não foi partidário da neutralidade, mas um defensor do compromisso da história com a verdade e com uma causa correta: a nação francesa. Sobre a documentação, ele afirmou em um dos tomos de sua *História da França*:

> *Aqui, a história é grave pelo seu objeto; ela não o é menos pelo caráter todo novo da autoridade que extrai dos monumentos da época. Talvez, pela primeira vez, ela caminhe sobre um terreno firme. A crônica, até então pueril e contista, começa já a depor com a seriedade de uma testemunha. Mas, ao lado deste testemunho, encontramos um outro mais seguro. As grandes coletâneas de atos públicos, impressos ou manuscritos, tornam-se mais e mais completos e instrutivos. Elas formam em sua sequência, doravante pouco interrompida, autênticos anais por meio dos quais podemos datar, completar, frequentemente desmentir, os "diz-se" dos cronistas. Sem atribuir aos atos uma confiança ilimitada, sem esquecer que os atos mais graves, as próprias leis, invariavelmente permanecem sobre o papel e sem aplicação, não se pode negar que esses testemunhos oficiais e nacionais não tenham geralmente uma autoridade superior aos testemunhos individuais.*
>
> *As Ordenações de nossos reis, o Tesouro das Cartas, os Registros do Parlamento, as atas dos Concílios, tais foram nossas fontes para os fatos mais importantes. A elas acrescente-se, no que tange à Inglaterra, a Compilação de Rymer e os Estatutos do Reino. Estas coletâneas nos deram, particularmente pelo fim deste volume, a história completa dos importantes períodos a respeito dos quais a crônica se calava.*

Fábio Frizzo

O estudo desses documentos cada vez mais numerosos, a interpretação e o controle, das crônicas pelos atos e dos atos pelas crônicas, tudo isso exige trabalhos prévios, tateamentos, discussões críticas a respeito das quais poupamos nossos leitores o laborioso espetáculo. Sendo uma história uma obra de arte, tanto quanto de ciência, ela deve se exibir livre das máquinas e dos andaimes que preparam sua construção. Sequer mencionaríamos isso, se não acreditássemos ter o dever de explicar a lentidão com a qual se sucedem os volumes desta obra e o curso que ela tomou. Ela não podia permanecer nas formas de um resumo sem deixar as coisas essenciais na obscuridade e sem excluir os elementos novos aos quais a história dos tempos modernos deve o que ela tem de fecundo e de certeza. (Michelet, 2014, p. 6-7)

Seguindo a metáfora do historiador que ilumina o passado com sua sensibilidade individual, Michelet não se associou a uma perspectiva que buscava identificar o trabalho historiográfico à crônica de eventos, mantendo sempre a lógica do historiador como formulador de significados. Portanto, a vida pessoal e a história se fundiam na imaginação do autor a ponto de afirmar, após a morte de sua esposa, que teria mergulhado no prazer de estudar a morte na França do século XV, mesclando seus sentimentos com aqueles do objeto.

A valorização da individualidade e da singularidade não fez com que Michelet atribuísse aos indivíduos o papel de sujeito da história. Quem desempenharia esse papel? A história seria marcada pela ação do ser coletivo, sendo as ações individuais significativas apenas quando contribuíssem para o movimento do progresso.

Professor de liceu desde 1821, apontado como tutor da filha do Rei Luís Filipe e substituto de François Guizot na Sorbonne, Michelet chegou ao Collège de France em 1838. Nessa trajetória, sempre foi um crente na centralidade da História no processo educacional, voltado para a construção do futuro. Ia além, afirmando o peso da disciplina na ciência humana e sua possibilidade de construir um conhecimento verdadeiro.

Acompanhando a tendência de crítica à historiografia tradicional da aristocracia, do clero e das batalhas, Michelet deu um passo à frente de seus companheiros, como Thierry e Guizot. Afirmava que o primeiro exagerava no papel da raça, ao passo que o segundo dava excessiva ênfase às instituições no desenvolvimento histórico. O historiador francês reivindicava para si um projeto diferente, focado na totalidade.

Influenciado por Descartes e Locke, Michelet buscou unificar as perspectivas da filosofia da história e da historiografia de seu tempo, defendendo que qualquer escrita histórica tinha uma filosofia subjacente. Nesse sentido, aprendeu com Giambattista Vico que a história não era feita por meio da sobreposição de eventos, mas pelo estudo de crenças e leis, incluindo mitos e lendas reabilitados mediante o conceito de imaginação coletiva. Por outro lado, negava a teoria do filósofo italiano acerca dos ciclos históricos, valorizando primeiro uma linearidade e, posteriormente, uma metáfora de espiral para o desenvolvimento humano.

Essa espiral era sempre delimitada em termos de ascensão e queda de culturas e religiões. Crente no fato de que a divindade agia por meio da humanidade, Michelet defendia que o nacionalismo deveria tomar o papel da religião como elemento de pertencimento e comunidade. A nação seria a Igreja visível da humanidade, voltada à criação da unidade e da igualdade entre o povo francês.

Qual seria o papel da poesia para um romântico como Michelet? Para o autor, a exposição das verdades do passado deveria ser feita de forma poética e imaginativa, pois a poesia popular era a verdadeira forma da história do povo. A história era necessária para dar às pessoas o sentido de completude que havia se perdido com a modernidade. Para Michelet, a sociedade burguesa atentava contra a associação nacional por meio da exploração. Nessa lógica, o egoísmo que caracterizava a divisão de classes deveria dar lugar ao amor ao povo como maneira de unificar operários e burgueses. A França passava a ter o destino messiânico de reconciliar a justiça e o povo.

Michelet hierarquizou as nações com base em dois critérios relativos à superação de condições herdadas. Assim, uma nação era maior ou menor de acordo com o quanto já havia conseguido superar, por um lado, a herança racial e, por outro, os limites impostos pelo ambiente geográfico. Nos dois sentidos, a França era vanguarda.

Sua dedicação ao escrever os diversos volumes da *História da França* voltava-se para a busca do sentido da nação, que deveria emergir da narrativa. Nesse processo, Michelet apresentou Joana D'Arc como a incorporação do espírito nacional, inserida no momento em que a unificação francesa estava começando a se constituir. Tal processo foi atrasado pela Igreja e pela monarquia, tendo se consolidado apenas com a afirmação do espírito nacional na Revolução Francesa.

Michelet transformou o nacionalismo em uma espécie de religião, e isso orientou sua forma de escrever história, buscando resgatar os excluídos e silenciados, quando publicou *O povo*, em 1846. Valorizou o ideal da pátria como união, independentemente da riqueza ou da condição social, mas ressaltando o papel da nação e da Revolução na redução das desigualdades por meio do amor, da paz e da reunião. Portanto, a Revolução estava relacionada ao triunfo da sociabilidade como valor.

O trabalho de Michelet foi marcado pela emotividade que caracterizou vários historiadores do romantismo. Ao resgatar a vida no passado que todos consideravam morto, o autor identificava o historiador como mediador entre passado e presente, entre tempo sagrado e profano. Por mais que a pesquisa fosse o elemento a revelar os acontecimentos ocorridos, a história mantinha um sentido de revelação. Para Crossley (2014, p. 247, tradução nossa),

> *Seu uso de documentos e fontes autênticas, suas excursões em assuntos sociais e econômicos, seu uso de testemunhos orais, tudo serviu para o objetivo mais importante de restaurar o contato com a sacralidade do passado. A poesia da Revolução, sua conquista transitória de harmonia e transcendência de contrários, importava mais que sua política. [...] A história se tornou religião e, uma vez que uma religião sem mitos era impossível, o discurso da história se tornou, com efeito, a poesia da lei. Michelet empregou uma poderosa linguagem metafórica para transmitir a presença do divino.*

Ao contrário de se apagar perante seu objeto, o historiador deveria, portanto, fazer-se presente com suas paixões e emoções, como um escritor ao escrever literatura ou um pintor ante uma tela. A clareza da visão e a objetividade viriam justamente dessa relação apaixonada com a história.

Após a Revolução de 1848, o romantismo começou a sair de moda na França e Michelet passou a ser considerado antiquado, enquanto o realismo e o naturalismo se impunham como estilos de escrita da história em conjunto com sua influência na pintura e na literatura. No campo das humanidades, os principais pensadores desse momento foram Hippolyte Taine (1828-1893) e Ernest Renan (1823-1892).

Influenciado pelo desenvolvimento do método experimental na medicina, com Claude Bernard, e na química orgânica, com Marcellin Berthelot, Taine aproximou-se da abordagem e do vocabulário científico da época, chegando a comparar os processos históricos aos químicos. Segundo ele, a humanidade só poderia ser compreendida à luz de três fatores simultaneamente: o meio ambiente, a raça e o momento histórico.

Em seus *Ensaios de crítica e de história*, de 1866, Taine estabeleceu o que para ele eram os passos do método científico para a análise histórica. O primeiro era a análise, que consistia em procurar fatos e isolá-los. Em seguida, iniciava-se o processo de classificação dos fatos, diferenciando-os em categorias como religião, arte, filosofia, indústria, comércio, agricultura. Logo, proceder-se-ia à síntese, com a definição dos fatos. Por último, caberia estudar as dependências entre as diferentes definições no sentido de constatar em que medida formariam um sistema.

Traumatizado com os acontecimentos da Comuna de Paris, em 1871, Taine intensificou seus estudos sobre a história francesa, publicando *As origens da França contemporânea*, entre 1876 e 1893. Independentemente da aplicação do método que considerava científico, nessa obra, criticou monarquistas, jacobinos e bonapartistas, demonstrando seus preconceitos antidemocráticos. Há, no entanto, que ressaltar a quantidade de documentação inédita utilizada, muito maior do que qualquer outro historiador do período já havia empregado.

Ligado por laços pessoais a Taine, Ernest Renan causou ainda mais agito com seu trabalho. Partindo dos mesmos pressupostos de cientificidade, ficou famoso com sua *A vida de Jesus*, publicada em 1863. A utilização de uma abordagem científica da vida de Cristo teve um impacto enorme, ocasionando pesadas críticas por parte dos católicos. A repercussão de sua obra foi tanta que, além da fama, Renan foi também suspenso do Collège de France e teve seu livro inserido no *Index Librorum Prohibitorum* (lista de títulos proibidos pela Igreja Católica).

Herdeiro dos historiadores românticos, Numa Denis Fustel de Coulanges (1830-1889) talvez seja o mais famoso historiador de sua geração. Assim como *A história do declínio e queda do Império Romano*, de Gibbon, seu *A cidade antiga*, publicado originalmente em 1864, ainda pode ser facilmente encontrado nas livrarias hoje. Mas quais seriam as principais características de seu trabalho?

Fustel foi indicado, em 1870, como professor da Escola Normal Superior, um centro de excelência que posteriormente foi adicionado à Nova Sorbonne. Sempre buscou grandes explicações, incluindo largos períodos de tempo, na contramão da crescente especialização que estava ocorrendo. Sua fixação com os procedimentos de erudição na pesquisa histórica, todavia, foi compartilhada por outros de sua geração, que lhe deram importância por dois motivos. O primeiro era sua defesa de uma história baseada na própria crítica de documentos escritos e o segundo, sua consideração do passado como um objeto separado do tempo do historiador, a ser examinando com calma, com vistas à separação entre ilusão e verdade e à restrição de impulsos imaginativos e subjetivos. Nas palavras do próprio Coulanges (2006, p. 14-20):

> *Para conhecer a verdade a respeito desses povos antigos, deve-se estudá-los sem pensar em nós, como se nos fossem completamente desconhecidos, com o mesmo desinteresse e liberdade de espírito com que estudaríamos a Índia Antiga ou a Arábia. [...] Mas que esperanças há de se chegar ao conhecimento desse passado longínquo? Quem nos revelará o que pensavam os homens dez ou quinze séculos antes de nossa era? [...] Que lembrança ficou para nós dessas gerações que não nos deixaram nenhum texto escrito? Felizmente, o passado nunca morre por completo para o homem. O homem pode esquecê-lo, mas continua sempre a guardá-lo em seu íntimo, pois o seu estado em determinada época é produto e resumo de todas as*

épocas anteriores. Se ele descer à sua alma, poderá encontrar e distinguir nela as diferentes épocas pelo que cada uma deixou gravada em si mesmo.

A grande habilidade do historiador, segundo Coulanges, era retirar da documentação tudo o que fosse possível, sem acrescentar nada que não existisse nela. O relato do passado seria tanto mais fiel quanto mais próximo estivesse dos textos.

(3.3)
A CONCEPÇÃO *WHIG* DA HISTÓRIA

Depois de Edward Gibbon, o mais bem-sucedido historiador britânico até o século XIX foi Thomas Babington Macaulay (1800-1859). Assim como seu predecessor, ele também atuou politicamente. Filiado ao partido *whig*, que representava as tendências liberais burguesas contra os conservadores *tories*, foi um dos maiores representantes do que ficou conhecido como *interpretação whig da história*. Vejamos suas principais características.

A visão de mundo liberal da Grã-Bretanha foi fortemente inspirada na tradição da Escola Escocesa e na influente obra de Adam Smith. Dessa maneira, a historiografia *whig* buscou reconstruir o passado dando-lhe uma tendência progressiva que desembocava na ascensão das formas de liberdade constitucional e, consequentemente, explicando os conflitos do período como um embate entre liberais e conservadores.

A obra *História da Inglaterra*, escrita por Macaulay em cinco volumes entre os anos de 1849 e 1861, fez tanto sucesso que as vendas dos primeiros dois volumes chegaram a 200 mil exemplares no primeiro ano apenas nos Estados Unidos. O estilo utilizado por Macaulay obedecia à dinâmica do romantismo, valorizando a ação das personagens e romantizando a trajetória histórica. Para o autor, um dos principais erros do Iluminismo havia sido a negligência da arte da narração voltada ao despertar de afetos e à apresentação de figuras da imaginação.

O método utilizado para a redação seguia a lógica de uma narrativa romantizada da verdade, a ponto de alguns autores chegarem a classificá-lo como usurpação da verdade pela ficção. O propósito era retirar o leitor do tédio do cotidiano da realidade para alcançar grandes descobertas protagonizadas por personagens interessantes. Essa dedicação ao floreio na narrativa acabou por fazer com que a obra ficasse inacabada, com a morte do autor.

Síntese

O romantismo se estabeleceu como reação ao Iluminismo num contexto de resistência às invasões napoleônicas e de tentativa de restauração da lógica do Antigo Regime na Europa. Com isso, valorizou-se a particularidade das nacionalidades em contraposição ao universalismo da Ilustração. A mudança no paradigma intelectual, como não poderia deixar de ser, afetou a historiografia. A produção sobre história passou a valorizar aspectos mais ligados à emoção e aos sentidos, além de iniciar um processo de busca pela representação da singularidade do passado por meio da ênfase no trabalho erudito com a documentação. Os dois principais movimentos nesse contexto foram a historiografia erudita francesa e a concepção *whig* britânica.

As diferentes formas de expressão da historiografia romântica foram o primeiro passo no sentido da institucionalização da História como disciplina acadêmica, com método estabelecido, periódicos, cadeiras nas universidades e muito mais, como veremos no próximo capítulo.

Atividades de autoavaliação

1. O romantismo surgiu como movimento intelectual na Europa do século XIX em reação às perspectivas iluministas, em decorrência das resistências nacionais às invasões napoleônicas que marcaram o início dos anos 1800. Sobre a oposição entre romantismo e Iluminismo, assinale a alternativa correta:
   a) O Iluminismo defendeu a valorização das emoções, ao passo que o romantismo propôs o fortalecimento da razão por meio da perspectiva científica.
   b) Por mais que a tônica tenha sido a oposição, Iluminismo e romantismo compartilharam a mesma perspectiva acerca do papel da história na construção da sociedade, valorizando o espírito dos povos.
   c) O Iluminismo pregava a ideia universalista de humanidade e as regras gerais para definir a evolução de todos os povos; já o romantismo partia de uma concepção particularista de valorização das características específicas de cada povo ou nação.
   d) O Iluminismo defendeu a perspectiva de uma grande continuidade em relação ao mundo precedente; o romantismo, por sua vez, tratou de valorizar a mudança brusca e revolucionária.

2. Um dos maiores nomes da historiografia romântica foi o francês Jules Michelet, segundo o qual a história era necessária para dar o sentido de completude que havia deixado de existir entre a humanidade a partir da modernidade. Michelet foi um dos primeiros destaques da historiografia nacionalista francesa e trabalhou com um conceito de progresso que tinha suas especificidades. Sobre a ideia de

progresso inserida na historiografia de Michelet, assinale a alternativa correta:

a) Michelet usou dois critérios para hierarquizar as nações: a superação da herança racial e dos limites impostos pela geografia. Nos dois casos, a França aparecia como vanguarda do mundo.

b) O progresso defendido por Michelet era sustentado pela ideia do desenvolvimento econômico e do livre mercado, especialmente presente na França do século XIX.

c) Michelet associou o progresso a uma história universal da humanidade, demonstrando como os diferentes povos se desenvolviam de forma homogênea.

d) Segundo Michelet, o progresso de uma nação era determinado por sua aproximação em relação à divindade. Por isso, foi um feroz defensor da história medieval francesa, momento de maior proximidade entre a nação e Deus.

3. A preocupação com o estabelecimento de uma história nacional se refletiu diretamente na relação entre o fazer historiográfico e as fontes utilizadas para a análise do passado. Acerca dessa relação, assinale a alternativa correta:

a) Os historiadores do século XIX valorizaram, acima de tudo, os registros materiais, vistos como elementos do passado extremamente presentes na vida cotidiana das nações.

b) A relação entre a nação e seu passado levou a um investimento na organização de arquivos e bibliotecas de fontes primárias, além da publicação de vários volumes de compilações de documentos.

c) A definição da identidade nacional partiu da valorização do uso de fontes estrangeiras como espelho de alteridade para a nação, dando origem a uma história universal.

d) A abertura para a nacionalidade levou a uma expansão no uso de testemunhos para a construção do saber historiográfico, incorporando-se qualquer tipo de registro que levasse consigo o aspecto nacional.

4. Numa Denis Fustel de Coulanges é um dos mais conhecidos historiadores franceses do século XIX. Sua obra mais conhecida, *A cidade antiga*, ainda é um sucesso de vendas e constitui parte da base da historiografia moderna da Antiguidade. Analise afirmações a seguir sobre o pensamento histórico de Coulanges.

I) Ao contrário da crescente especialização característica da historiografia profissional de seu tempo, Coulanges se dedicou a buscar grandes explicações e a estudar longos períodos cronológicos.

II) A atenção dada pelo autor à crítica documental e aos procedimentos de erudição serviu como exemplo tanto para os historiadores da sua geração quanto para os que lhe sucederam.

III) Coulanges foi pioneiro na crítica à história nacional, tendo buscado o âmbito da História Antiga como exemplo para desconstruir a ênfase no Estado-nação.

IV) Coulanges foi fortemente influenciado pelos românticos, defendendo a necessidade de preencher as lacunas dos documentos, adicionando-se emoção aos relatos, mesmo que isso significasse perder fidelidade em relação ao passado.

Agora, assinale a alternativa correta:

a) Apenas as afirmações I, II e III são verdadeiras.
b) Apenas as afirmações III e IV são verdadeiras.
c) Apenas as afirmações I e II são verdadeiras.
d) Apenas as afirmações I e IV são verdadeiras.

5. Após a Primavera dos Povos, em 1848, a historiografia romântica começou a sair de moda na França e deu lugar a uma história influenciada pelo realismo e pelo naturalismo, tendo como principais nomes Hippolyte Taine e Ernest Renan. Sobre esse movimento historiográfico, assinale a alternativa correta:

a) Segundo o método científico estabelecido por Taine para a análise histórica, os fatos deveriam ser isolados, categorizados, sintetizados e ligados a outros na tentativa de formar um sistema.
b) A publicação de *As origens da França contemporânea* por Taine, entre 1876 e 1893, serviu como elogio à Comuna de Paris, ocorrida em 1871. Para isso, o autor abandonou a documentação primária para defender enfaticamente uma interpretação democrática da história.
c) Ernest Renan publicou, em 1863, *A vida de Jesus*, obra na qual prescinde da orientação científica para elaborar um relato atravessado pela providência divina e marcado por sua visão religiosa.
d) A visão naturalista elaborada por Taine diferenciava radicalmente a história das demais ciências, em especial aquelas ligadas ao meio ambiente e à definição das raças humanas.

Fábio Frizzo

Atividades de aprendizagem

Questões para reflexão

1. Identifique as principais características da historiografia elaborada pelos intelectuais associados à Escola Erudita Francesa.

2. A relação de Jules Michelet com o passado é célebre. Um autor como Jacques Le Goff chegou a declarar que o historiador francês do século XIX era um necromante, pois afirmava escutar as vozes dos mortos pedindo para serem revividos nos arquivos por meio do trabalho historiográfico. Explique a relação entre forma e conteúdo proposta pela historiografia de Michelet.

3. No Reino Unido, o século XIX foi marcado inicialmente pelo que se convencionou chamar de *concepção whig da história*, refletindo as necessidades de construção de uma nova sociedade baseada nos princípios liberais da organização burguesa. Aponte as principais características dessa concepção historiográfica.

Atividade aplicada: prática

1. Por meio de pesquisa em manuais de literatura ou *sites* da internet, elabore um pequeno resumo das características do romantismo no Brasil e compare os interesses dos intelectuais brasileiros do século XIX com as referências historiográficas apresentadas neste capítulo.

Capítulo 4

A institucionalização da
história como ciência e
campo acadêmico

Associado ao surgimento das nações e à oposição aos ideais iluministas, o século XIX presenciou o desenvolvimento de uma nova roupagem para os relatos historiográficos. Antes sob a responsabilidade de intelectuais mais ou menos independentes, a escrita da história passou a ser resultado de um método recém-construído, utilizado por historiadores formados e institucionalizados em cadeiras acadêmicas, em organizações profissionais e até mesmo em postos de Estado.

O surgimento da história profissionalizada difundiu-se de uma parte específica da Europa Ocidental, alcançando, no século XX, um panorama de consenso mundial em conjunto com a própria expansão das formas burguesas de organização social e da propagação – mais ou menos violenta – dos modelos civilizacionais europeus. A historiografia acadêmica e profissional tem, portanto, raízes fortemente eurocêntricas. É nesse tema e em suas injunções que concentraremos nossas reflexões neste capítulo.

(4.1)
O HISTORICISMO ALEMÃO

A Alemanha se constituiu, da maneira como a conhecemos hoje, no decorrer do século XIX. A unificação dos vários reinos de origem germânica, a construção da unidade alfandegária e a elaboração de uma identidade nacional homogênea estiveram conectadas diretamente à criação de um método de investigação por pesquisadores estabelecidos em universidades e financiados pelo Estado. Em pouco tempo, esse método consolidou-se como a forma científica de produzir conhecimento sobre o passado e estabeleceu sua hegemonia sobre as demais concepções historiográficas no âmbito mundial.

A experiência revolucionária da França no final do século XVIII e a resistência às invasões napoleônicas alertaram as classes dominantes germânicas para a necessidade de modificações sociais no sentido de conter as ebulições populares. Qual foi, então, a solução encontrada para as insatisfações sociais? A saída foi gerenciar um processo de modernização conservadora, ou "revolução pelo alto", estabelecendo reformas que visavam a exterminar os últimos resquícios do feudalismo, instituir princípios mais próximos do liberalismo e buscar a industrialização.

Tal como visto no capítulo anterior, esse novo estado de coisas requeria de uma visão de mundo correspondente. Assim, os intelectuais reagiram às perspectivas universalistas do Iluminismo e passaram a construir um olhar mais particularista de organização social, valorizando os laços de unidade nacional como cimento social e, consequentemente, afastando ideias subversivas de conflitos internos entre classes. A pesquisa e a escrita historiográficas foram entendidas já na época como ferramentas fundamentais nesse processo.

A primeira cátedra dedicada à História numa universidade alemã foi instituída em 1804. Em meados desse século, já eram 28 professores de História distribuídos em 19 universidades alemãs e, no final dos anos de 1800, mais de 180 profissionais estavam voltados ao estudo do passado nos quadros universitários nacionais.

O interesse pela pesquisa histórica nas universidades, todavia, não era exatamente uma novidade. Ainda na metade do século XVIII, alguns pesquisadores, reunidos na Universidade de Göttingen, voltaram-se para o pensamento acerca do desenvolvimento histórico sob a influência da Escola Escocesa. Nesse contexto, foram desenvolvidos os primeiros elementos de uma metodologia de análise do passado constituída sobre o trabalho crítico com as fontes históricas e destinada a informar o público leitor e a política contemporânea.

Se muitos elementos do método profissional de análise do passado já estavam presentes nos trabalhos de inúmeros intelectuais, qual foi o momento da virada, reconhecido como marco inicial pela tradição historiográfica? O ponto de virada na escalada da institucionalização da história foi localizado por muitos historiadores nas reformas universitárias projetadas por Wilhelm von Humboldt (1767-1835). Nascido em Potsdam e filho de um oficial prussiano, Humboldt teve o primeiro cargo público de peso no serviço diplomático, mas desempenhou importância fundamental nas reformas iniciadas na primeira década do século XIX pelo Estado.

Com as reformas, a modernização do Estado prussiano, em especial no âmbito educacional, buscou aproximar o pensamento teórico da realidade institucional concreta. Com isso, acabava-se por justificar a função social do professor e do pesquisador perante o público em geral dentro do contexto da criação de uma identidade nacional e cultural.

Em 1809, Humboldt tornou-se diretor do Departamento de Ensino Público do Ministério do Interior e responsável por planejar uma reforma pedagógica nacional que incluiu a constituição de uma universidade moderna com ênfase na pesquisa e apoiada pelo Estado. Nesse processo, não apenas as instituições universitárias foram reformadas, mas também foi criada a Universidade de Berlim, em 1810. A ideia de Humboldt era valorizar os campos de estudo até então secundários, como a filosofia e as artes liberais, que incluíam a análise do passado, dando-lhes um sentido ligado à formação da nova estrutura burocrática e à própria construção da cultura nacional. Em uma carta escrita para o primeiro-ministro da Prússia em 1810, o autor (citado por Lemos, 2011, p. 231-232) afirmava:

Já é conhecido de V. Excelência que, há um ano e meio, desde que a nova organização existe, muitas coisas tiveram lugar, das quais, com todo o direito, deve se esperar uma influência profundamente benéfica para a educação nacional [Nationalbildung]. [...]

Tanto a Universidade de Königsberg quanto a de Frankfurt tiveram seus subsídios aumentados, e, com isso, contrataram novos e bons professores.

Pode-se observar, de fato, que, através disso, um novo entusiasmo pelo sistema escolar e de ensino em geral despertou e se tornou vivo, que muitos lugares, pelo menos, formaram para si um novo e melhor espírito [Geist], e que todos esses casos chegaram agora suficientemente ao ponto onde prometem fácil progresso e feliz prosperidade.

Além de sua importância para a consolidação do campo por meio de sua atuação burocrática, Humboldt também se dedicou ao estudo das formas de analisar o passado, como fica expresso em seu texto intitulado "Sobre a tarefa do historiador", de 1821. Na ocasião, o autor pesquisou a produção do sentido histórico, enfatizando o papel do historiador como aquele que dá sentido à realidade.

A tarefa do historiador consiste na exposição do acontecimento. Tanto maior será seu sucesso quanto mais pura e completa possível for esta exposição. [...]

No mundo dos sentidos, porém, o acontecimento só é visível parcialmente, precisando o restante ser intuído, concluído e deduzido. O que surge desse mundo se encontra disperso, isolado e estilhaçado, permanecendo alheio ao horizonte da observação imediata o elemento que articula esses fragmentos, que põe o particular sob sua verdadeira luz e que dá ao todo a sua forma. A observação imediata só capta a concomitância e a sequência das circunstâncias, jamais o contexto causal interno no qual exclusivamente se encontra a verdade essencial. [...] Por isso, a verdade histórica pode ser equiparada às nuvens, que somente ganham forma a distância dos olhos. [...]

Para aproximar-se da verdade histórica, dois caminhos precisam ser simultaneamente percorridos. Primeiramente, tem-se a fundamentação crítica, exata e imparcial dos acontecimentos; em um segundo momento, há de se articular os resultados da pesquisa e intuir o que não fora alcançado pelo primeiro meio. (Humboldt, 2010, p. 82-84)

A concepção de que a tarefa do trabalho historiográfico se dá por meio da fundamentação crítica, exata e imparcial dos acontecimentos para construir entre eles um sentido foi estruturante para o desenvolvimento do método historiográfico na Alemanha, como demonstrarão autores posteriores.

Humboldt foi importante também por estabelecer os princípios de certa liberdade acadêmica na estrutura universitária alemã, permitindo a experimentação e a inovação em vários campos. Em conjunto com isso, atuaram as forças do mercado, no sentido de que as carreiras acadêmicas em expansão passaram, com a ampliação da universidade, a ser um objetivo de diversos estudiosos. Qual foi o resultado dessa equação? O desenvolvimento de um conhecimento acadêmico alemão que não apenas foi responsável pela inovação, mas que também acabou influenciando internacionalmente a produção do saber.

O movimento que serviu como base para a expansão do método institucional de pesquisa historiográfica foi o **historicismo alemão**, muitas vezes denominado de **historismo**. Aparentemente, *historicismo* e *historismo* foram formas intercambiáveis por um longo tempo, embora *historismo* fosse predominante na Alemanha. Alguns autores chegam a defender que eram movimentos distintos, com alguns elementos compartilhados. A realidade é que o termo *historicismo* tornou-se mais comum mundialmente pela bibliografia não alemã, com especial influência da língua francesa.

Certos historiadores da produção historiográfica afirmam que o primeiro uso da palavra *historicismo* teria se dado com o italiano Giambattista Vico, na virada do século XVII para o XVIII. Outros identificam o surgimento no mesmo período, mas com a obra de Gottfried Wilhelm Leibniz. O consenso parece apontar para o historicismo inicialmente como uma forma tipicamente alemã de observar o transcurso da história.

Além de Vico e Herder, muito influentes na perspectiva romântica de valorização dos particularismos contra o universalismo iluminista, o historicismo é associado a Johann Martin Chladenius, filósofo alemão apontado como um dos criadores da hermenêutica. Sua forma de construir as narrativas históricas incluía depoimentos orais para períodos mais recentes, mas confinava a pesquisa de momentos mais distantes à análise criteriosa da documentação escrita.

Ao contemplar análises do passado próximo, com o uso de relatos orais, Chladenius (1752) acabou por entender que a história era composta por pontos de vista relativos, concretizando uma das primeiras reflexões acerca da produção do conhecimento histórico, inserindo nela a ação do sujeito do conhecimento. Esse avanço, entretanto, foi contido pela supervalorização de fontes oculares e testemunhos orais em detrimento dos escritos. Tal barreira teria sido superada pelos historicistas.

Incorporando a autocrítica histórica iniciada por Chladenius ao considerar o sujeito na produção do conhecimento, os historicistas avançaram no sentido de afastar os relatos do passado do âmbito da memória e constituí-los a partir da aplicação de procedimentos críticos e eruditos à documentação escrita, fundando um método institucional de produção historiográfica. Tal método era um dos poucos elementos que diferenciavam os historicistas dos românticos que os precederam: os primeiros apostavam na crítica documental; já os últimos defendiam um método mais intuitivo e dependente da individualidade sensível do historiador. O sentido era buscar o estudo dos fatos concretos que desembocavam na justificativa da ordem existente, diferentemente da filosofia da história, que apontava para a construção de um futuro.

Estaria a crítica ao Iluminismo restrita à negação de uma filosofia da história? Certamente não. Partindo de uma dinâmica contrarrevolucionária – ligada à resistência à invasão napoleônica e à defesa da modernização conservadora guiada pelo próprio Estado –, os historicistas alemães negavam as conjecturas abstratas acerca do desenvolvimento humano universal para se concentrarem nos indivíduos concretos e particulares. Afastavam-se, assim, da compreensão de que havia alguma racionalidade na trajetória humana, defendendo a ação como orientada por expressões inconscientes, como o espírito de um povo; a agência de homens e mulheres estaria determinada pelo inconsciente e pelo inexplicável. A única percepção possível seria a definição das características do espírito específico de cada povo.

O tema central do historicismo foi a especificidade do conhecimento historiográfico ante os demais e sua autonomia em relação às demais ciências do espírito, algo relacionado também à reserva de mercado para os cargos no quadro de expansão universitária.

Reis (2006, p. 220) divide o historicismo em três grandes etapas relacionadas ao caráter do conhecimento produzido e sua relação com a filosofia:

1. Em fins do século XVIII, haveria uma versão romântica mais filosófica que partia da divisão entre humano e natural.
2. Em meados do século XIX, transformou-se em uma forma de conhecimento que, ainda com alguma influência filosófica, buscava separar as ciências naturais das humanas.
3. No final dos Oitocentos, já teria assumido a forma de uma epistemologia científica, pretensamente livre de influências filosóficas.

O afastamento em relação à filosofia permite dividir o historicismo em duas perspectivas, uma mais filosófica e outra mais metodológica. A primeira estaria centrada na diferenciação entre natureza e espírito, preocupada em dar um sentido para a ação humana e mais próxima do Iluminismo ao pensar em tais abstrações. Já o historicismo metodológico negava a submissão do espírito às leis abstratas e universais da evolução com base na diferenciação entre povos distintos e diversos contextos de tempo e espaço. Isso resultava da adoção de uma visão contrária àquela que identificava a possibilidade da existência de verdades absolutas e anistóricas, considerando qualquer afirmação como relativa e histórica, mas sem negar o caráter epistemológico de verdade.

A autocrítica do conhecimento historiográfico e a consequente percepção de que toda verdade é relativa a determinado momento histórico não levaram os historicistas à negação da objetividade e do caráter progressivo de seu conhecimento; em outras palavras, acreditavam que suas pesquisas produziam a verdade sobre o que realmente ocorreu no passado e que eram mais acuradas do que aquelas feitas pelos historiadores que os precederam.

Você pode estar se perguntando se a ênfase numa visão nacionalista não afetava a objetividade da produção historiográfica. A resposta dada pelos historicistas seria: "Muito pelo contrário". Como a análise do passado era relativa ao momento em que esse conhecimento era construído, tornava-se fácil para os historicistas identificar seu trabalho como superior, pois uma Alemanha forte e unificada era um contexto mais apropriado para constituir uma história mais objetiva acerca do passado – algo que se expressava no desenvolvimento da estrutura universitária, por exemplo. Dessa maneira, não apenas negavam que a interferência do nacionalismo professado por eles fosse um problema na hora de medir a objetividade do conhecimento, como também defendiam que esta era uma qualidade necessária para a compreensão real da história.

Como o historicismo buscava a valorização das disciplinas ligadas ao espírito, num cenário de disputa do campo acadêmico universitário, fazia sentido a separação taxativa entre natureza e humanidade e, consequentemente, o uso de técnicas distintas de análise. Embora seja comumente traduzido como "ciência" (mais associada ao método de análise da natureza), o conhecimento reivindicado pelos historiadores historicistas alemães era identificado com o termo *Wissenschaft*, que naquele contexto é mais bem traduzido como "saber acadêmico ou institucional".

A primeira geração dos historicistas teve a base de sua formação em algumas disciplinas que já estavam mais bem estabelecidas no campo institucional alemão – e cada uma delas auxiliava de maneira específica o trabalho de desvendamento objetivo do passado. Nesse sentido, por exemplo, a Filologia auxiliava na leitura e na datação precisa da documentação, assim como o Direito instruía na compreensão das instituições por meio dos registros oficiais.

Os historiadores mais próximos do romantismo enfatizavam as discussões sobre a escrita da história, voltando-se para a aproximação com o público leitor na sua função de construção da cultura nacional. Os historicistas, por sua vez, dedicaram-se com mais ênfase aos debates acerca da metodologia de pesquisa, muito mais do que à exposição do conhecimento histórico. Consequentemente, constituiu-se uma nova visão sobre o trabalho historiográfico: afastando-se do pesquisador romântico inspirado, o historiador agora era compreendido sob a lógica protestante do trabalho duro e contínuo na análise da documentação. Essa concepção estava também inserida em um contexto no qual o Estado alemão unificado e burocrático investiu na organização de toda sorte de arquivos nacionais, garantindo matéria-prima abundante para o trabalho historiográfico.

O grupo dos historiadores institucionalizados na Alemanha era composto por indivíduos advindos das classes médias burguesas educadas, cujos membros viam na História uma forma de alcançar *status* social. Dentro de uma realidade fortemente machista e patriarcal, a pesquisa historiográfica era vista como atividade masculina e, antes de 1945, apenas uma mulher, Hedwig Hintze, qualificou-se para uma cátedra de História, embora nunca tenha sido nomeada em razão de sua identidade social de sexo. Outra característica marcante no grupo profissional dos historiadores era a presença maciça da religião protestante, fato que poderia ser explicado pelo incentivo dado aos estudos pelos pastores luteranos aos seus filhos.

A unificação profissional da pesquisa histórica precedeu a unificação do Estado alemão, tendo contribuído para a consecução desse processo. A guilda dos historiadores foi criada em meados do século XIX, forjando vínculos entre pesquisadores dos vários Estados alemães no projeto de construção de uma nacionalidade homogênea.

O combate nacionalista e particularista ao universalismo iluminista desenvolveu-se em todos os campos da academia. Um dos primeiros grupos a adotar essa perspectiva foram os estudos jurídicos. O anseio pela negação da universalidade subjacente ao jusnaturalismo (concepção na qual há direitos naturais relativos a todos os indivíduos por conta da própria condição humana universal) levou ao desenvolvimento da Escola Histórica do Direito. Seu principal nome foi Friedrich Carl von Savigny (1779-1861), que chegou ao cargo de ministro da Justiça e ficou conhecido por negar a universalidade dos direitos, afirmando que estes eram especificidades relativas aos espíritos distintos de diferentes povos. Em sua obra, analisou o direito romano antigo por meio de métodos críticos associados ao historicismo, fundando as bases de uma nova ciência jurídica.

O interesse pelos estudos da história da Antiguidade clássica também se manifestou em outra figura importante da historiografia alemã da primeira metade do século XIX: Barthold Georg Niebuhr (1776-1831). Filho de um rico dinamarquês, antes de se tornar professor universitário foi diplomata e banqueiro. Sua *História de Roma*, publicada nos anos de 1811 e 1812, ficou marcada pela erudição na crítica das fontes, característica ressaltada posteriormente pelo historicismo.

O maior nome do historicismo alemão, indubitavelmente, foi Leopold von Ranke (1795-1886), ainda que alguns autores afirmem que isso se deveu mais à sua capacidade de autopromoção do que ao ineditismo de seu método de trabalho. De qualquer forma, ele foi o principal responsável pela divulgação da metodologia institucional e acadêmica aplicada à história.

Advindo de uma família de pastores luteranos, Ranke foi estimulado pelo pai desde cedo ao estudo de línguas estrangeiras e clássicas. Consequentemente, seu contato com a filologia e com os textos greco-romanos foi bastante prematuro. Leitor ávido da literatura clássica, acabou fortemente influenciado pela *História de Roma* de Niebuhr, obra que, junto com a leitura de Tucídides, despertou seu interesse pela história.

Fábio Frizzo

Aliada à admiração pelo trabalho de Niebuhr e ao contato precedente com a filologia, outra grande influência no trabalho de Ranke foram os estudiosos iluministas que se instalaram na Universidade de Göttingen no século XVIII. Nesse mesmo sentido, percebe-se também a contribuição da obra de Humboldt. Da união dessas perspectivas herdou a ênfase no trabalho erudito de crítica textual e hermenêutica documental.

A ênfase em reviver o passado mediante o uso objetivo das fontes escritas tornou-se o pilar de sustentação do método historicista de Ranke, mas a ele deveria estar associado um elemento artístico, como o uso de técnicas dramáticas da arte literária – clara influência romântica em seu trabalho. "A História se diferencia das demais ciências porque ela é, simultaneamente, uma arte. Ela é ciência na medida em que recolhe, descobre, analisa em profundidade; e arte na medida em que representa e torna a dar forma ao que é descoberto, ao que é apreendido" (Ranke, 2010, p. 202).

A classificação da análise histórica como um conhecimento acadêmico ou científico é uma das tônicas do historicismo. Reis (2006) explica que a maneira encontrada pelos historicistas para se oporem ao uso do método das ciências naturais nas análises sociais foi a afirmação de uma ciência prática com metodologia específica para as humanidades. O caráter científico deveria ser garantido pela objetividade do conhecimento produzido. No caso de Ranke, isso é normalmente comprovado por meio de uma citação descontextualizada na qual ele afirmava que o papel do historiador era reconstruir o "passado como ele foi na realidade" (*wie es eigentlich gewesen*). Tal interpretação é uma forma de vulgarizar o pensamento rankeano, como se ele fosse marcado por uma ingenuidade epistemológica enorme.

O historiador Ciro Flamarion Cardoso (2005, p. 140) mostra que essa intepretação vulgar é baseada numa tradução incorreta do termo *eigentlich*, que significaria mais precisamente "essência" e não "realidade". Logo, a proposta de Ranke era buscar o conhecimento do passado conforme sua essência – o que encaixa a discussão no debate filosófico alemão da dualidade essência-aparência.

A leitura vulgar da obra de Ranke é resultado do fato de que há consenso entre os historiadores da historiografia de que seu trabalho é muito mais citado do que lido. Isso fez com que Sérgio da Mata (2010, p. 187-188) enquadrasse o autor na categoria de "mito historiográfico". O tratamento mitológico refere-se à percepção de que a interpretação vulgar mantém-se intacta a qualquer contraposição. Nesse sentido, o olhar crítico e o rigor acadêmico cederiam lugar, ao tratarem de Ranke, ao argumento de autoridade. Mata (2010) identifica a construção desse mito na produção dos historiadores franceses dos *Annales*, que buscaram se afirmar em contraposição ao historicismo ainda hegemônico na Europa no início do século XX.

Qual seria, então, a relação de Ranke com a objetividade e a verdade no trabalho historiográfico profissional? Ainda que não compartilhasse da ingenuidade epistemológica de acreditar que narrava as coisas como realmente tinham acontecido, Ranke acreditava, sim, na objetividade do conhecimento historiográfico, garantida pela aplicação da metodologia de análise crítica da documentação. Mata (2010) levanta a hipótese de que a crença na objetividade, associada à negação da interferência do historiador no que os documentos revelavam, deve ser tratada sob uma dupla perspectiva, estruturada tanto na sociologia do conhecimento quanto na trajetória biográfica de Ranke.

Em primeiro lugar, é necessário compreender que o *habitus* acadêmico do período incluía a crença corriqueira na possibilidade de separar a atuação política de um intelectual de sua produção acadêmica. Afinal, não eram incomuns os intelectuais envolvidos nas disputas políticas e ocupando cargos no Estado. No campo biográfico, Mata (2010) entende que o afastamento da subjetividade pode ser associado a uma atitude ascética do autor, influenciada por sua formação e trajetória religiosa, no sentido de depurar a influência das paixões em sua vida.

A questão da objetividade pode ser encontrada de diversas formas na obra de Ranke. Quando se referiu, em um texto de 1831, às seis exigências da pesquisa histórica, afirmou:

> *1. A primeira delas é o amor à verdade. Na medida em que reconhecemos nosso objetivo mais elevado no evento, no estado momentâneo de alguma coisa ou algum indivíduo que queremos conhecer, adquirimos uma consideração elevada por aquilo que aconteceu, se passou, se manifestou.*
>
> *[...]*
>
> *5. Apartidarismo [...]. Na história universal [...] manifestam-se, em regra, dois partidos que se defrontam um com o outro. Embora as disputas mantidas por estes partidos sejam muito distintas, elas têm, contudo, um parentesco íntimo. [...]*
>
> *Em nós vive um interesse distinto do fugaz interesse de outrora. Muito frequentemente julgamos o passado a partir da situação atual. Talvez isso nunca foi tão grave quanto atualmente, em que interesses próprios e que se estendem por toda a história universal ocupam a opinião pública mais do que nunca e a dividem num grande embate.*
>
> *Do ponto de vista político, não há problema algum nisso. Mas do ponto de vista propriamente histórico, sim. Nós, [...] que vemos tudo o que existe atravessado por um princípio vital e originário, temos sobretudo de nos tornarmos livres internamente. [...]*

Nós simplesmente não temos de julgar o erro ou a verdade. Destaca-se apenas forma junto à forma, vida junto à vida, efeito e contraefeito. Nossa tarefa é penetrá-los até o fundamento de sua existência e apresentá-los com total objetividade. (Ranke, 2010, p. 207-211)

A ênfase na forma, em busca do fundamento da existência do passado, deveria ser garantida pela utilização de uma metodologia específica, instituída como o modo acadêmico ou científico de produzir o conhecimento historiográfico. A base do método estava na hermenêutica textual, herdada da filologia e já aplicada à história por antecessores de Ranke. Nesse sentido é que se torna possível afirmar que o autor foi menos um autêntico criador do que aquele que conseguiu se promover como o responsável pela aplicação.

A segunda e a quarta exigências associadas por Ranke à pesquisa histórica dizem respeito a elementos que podem ser elencados na esfera da questão metodológica:

2. Uma investigação documental, pormenorizada e aprofundada. Primeiramente dedicada ao próprio fenômeno, suas condições, seu contexto, sobretudo pela razão de que, procedendo de outra forma, não estaríamos capacitados para obter o conhecimento: – e, consequentemente, para o conhecimento de sua essência, de seu conteúdo. [...] Discernimento, coragem e probidade ao dizer a verdade são suficientes: imparcial e modestamente em seus estudos, devem todos transmitir e fazer prevalecer aquilo a que se dedicaram. [...]

4. A fundamentação do nexo causal. Precisaríamos nos contentar e satisfazer com uma simples informação, em si e por si mesma, que correspondesse unicamente ao objeto. Para aquela primeira exigência já mencionada, bastaria que houvesse uma sequência entre os distintos eventos. Só que entre eles existe um nexo. O que ocorre ao mesmo tempo se toca e influencia mutuamente. O precedente condiciona o posterior. Existe uma articulação íntima entre causa e efeito – mesmo que não possamos datá-la, o nexo causal não estará menos presente. [...] Onde falam os próprios eventos, onde a composição pura revela o nexo entre as coisas, não há necessidade de empregar demasiadas palavras a seu respeito. (Ranke, 2010, p. 208-210)

Percebe-se que, mais do que identificar a documentação e relatar suas informações, cabe aos historiadores a criação de sentido por meio do estabelecimento de relações causais entre as referências encontradas nas fontes. Mesmo uma história narrativa como a proposta pelo historicismo estava marcada pela presença de algum nível de relações explicativas do passado, ainda que isso se restringisse à causalidade factual.

Embora não tenha criado o método, Ranke foi muito além de seus predecessores em sua síntese, aplicação e divulgação. Sua *História dos povos latinos e germânicos*, publicada em 1824, mais do que um exemplo empírico de aplicação do método, vinha acompanhada de um volume de apêndices intitulado *Para a crítica dos historiadores modernos*. Nele, o autor revelava seu comprometimento metodológico com a historiografia acadêmica, analisando de forma detalhada as imprecisões e distorções cometidas pelos historiadores à luz da análise da documentação. O livro foi um sucesso na comunidade universitária, gerando entusiasmo até em Niebuhr, uma das inspirações de Ranke. A resposta foi tão positiva que garantiu ao autor um convite para ensinar na Universidade de Berlim.

Sua trajetória universitária como docente foi fundamental para a difusão da metodologia. Ranke sintetizou as características do historicismo ao defender as especificidades da história como forma de conhecimento acadêmico, estruturada na pesquisa em arquivos e na análise crítica da documentação textual. Essa síntese estava ligada à necessidade de ensinar expressa em seminários ou oficinas que eram oferecidos por ele. E como eram esses seminários? Eram o espaço no qual as novas gerações aprendiam o ofício de historiador, complementando as leituras – atividades de caráter mais passivo – e estimulando o caráter ativo da pesquisa historiográfica. Esse procedimento começou de forma privada em 1820, na casa dos profissionais. Em 1833, Ranke institucionalizou os seminários na Universidade de Berlim.

A influência de Ranke foi fundamental para a difusão dessas oficinas. Os espaços se diferenciavam das aulas normais não apenas pelo papel mais ativo dos estudantes, mas também pela proximidade deles com os professores, estabelecida nas sessões de discussão coletiva da documentação primária. Em menos de dez anos, os seminários se tornaram onipresentes nas universidades alemãs e impuseram a metodologia historicista na formação dos profissionais no campo da história.

A existência das oficinas estava condicionada à disponibilidade da documentação. Consequentemente, a organização dos arquivos, levada à frente pelo Estado, foi uma condição, a ponto de serem instituídas bibliotecas específicas para os seminários. Com o passar do tempo, a fama dos seminários extrapolou as fronteiras da Alemanha. Historiadores franceses buscavam não apenas participar das oficinas, mas também se dedicavam a levar o conhecimento de volta a seu país, visando à modernização da universidade francesa. Alguns deles foram até mesmo patrocinados pelo Estado para executar essas práticas.

Mata (2010) destaca que o pensamento histórico rankeano foi marcado pela tríade temática composta por religiosidade, filosofia e política. Sua formação luterana nunca foi abandonada, mantendo a crença na presença divina na história. Diferentemente dos teólogos da história, que viam a vontade divina determinando toda a ação no teatro da realidade social, Ranke expulsou a determinação direta da divindade do campo da pesquisa científica – sua visão era bastante mais sofisticada.

O principal ícone do historicismo acreditava que as verdades religiosas estavam para além de qualquer realidade empírica. Portanto, nenhum método seria capaz de comprovar ou refutar a ação divina. O fundamento teológico subjacente à história seria observável por meio dos nexos causais que ligavam elementos empíricos isolados. Segundo o próprio Ranke (2010, p. 205-206),

> *A Teologia já havia tido tais pretensões antigamente; também ela pretendeu – num entendimento, sem dúvida, falso – dividir toda a história humana em períodos de pecado, redenção e império de mil anos; ou nas quatro monarquias profetizadas por Daniel a aprisionar a totalidade dos eventos a partir de algumas frases do livro do Apocalipse.*
>
> *Tanto numa perspectiva quanto na outra, a História perderia todo seu fundamento e caráter científicos, e de forma alguma poderíamos falar de um elemento que lhe fosse próprio, e a partir do qual viveria. [...]*
>
> *Enquanto o filósofo, observando a História a partir de seu campo, busca o infinito por meio do progresso, do desenvolvimento e da totalidade, a História reconhece o infinito em cada coisa viva, algo de eterno vindo de Deus em cada instante, em cada ser; é seu princípio vital.*

A interpretação vulgar acerca da perspectiva rankeana normalmente afirma seu empiricismo total, sem reconhecer qualquer lógica unificadora dos elementos que ele estabelecia. Tal interpretação também desconsidera sua concepção de manifestação divina – influência do idealismo alemão. Ranke, portanto, não via um conflito entre sua visão historiográfica e sua crença religiosa; ele era incapaz de demonstrar a ordem divina por meio de seu trabalho, mas poderia intuí-la mediante sua fé.

A relação entre o conhecimento histórico e a filosofia era outro elemento da tríade que marcou o pensamento de Ranke. Acompanhando a negação romântica do Iluminismo, o autor buscou enfatizar o caráter singular e irrepetível da realidade histórica, em oposição aos padrões e às leis abstratas e universais características da filosofia da história.

Cada época era vista por sua importância única, não como caminho para a construção do presente. O objetivo do trabalho historiográfico era justamente perceber a singularidade de cada contexto histórico, determinado por elementos como o povo que agia, o tempo e o lugar no qual esse povo estava localizado. Com base na definição do historicismo, a ciência histórica adquiria um caráter ideográfico, isto é, voltado para a compreensão empírica de fatos únicos, exclusivos e irrepetíveis. A história não se repete, está no plano real, ao passo que a filosofia está restrita ao plano especulativo.

> *Daí resulta que o filósofo, partindo de um lugar completamente diferente, de uma verdade descoberta de maneira que lhe é própria, constrói a totalidade da História – como se ela tivesse de ser deduzida a partir de seu conceito de humanidade. Em seguida, não satisfeito em ter de verificar se seu conceito é verdadeiro ou falso a partir do decurso do que realmente aconteceu, ele passa a adequar os eventos ao conceito. Ele reconhece a verdade da História [...] unicamente na medida em que ela se submete ao seu conceito. É isso o que se chama de construir a História [...].*
>
> *[...]*
>
> *Em primeiro lugar, sempre ocorrem à Filosofia as exigências das reflexões mais elevadas; e à História as condições da vida; aquela coloca mais peso no interesse pelo universal, esta no interesse pelo particular; aquela entende o progresso como o essencial: toda especificidade só conta enquanto parte*

de um todo; esta também se volta para o específico com simpatia; a atitude daquela é de recusa: o estado de coisas que a Filosofia poderia aprovar, ela o coloca bem à frente de si; por sua própria natureza, ela é profética, orientada para a frente; a História vê o que é bom e benéfico no existente, o qual tenta captar, e direciona seu olhar para trás.

[...]

Por essa razão, como dissemos, a História se inclina com simpatia para o específico. Por esta razão, ela reivindica o interesse pelo particular; reconhece o existente e o que tem valor; opõe-se ao mudancismo negador; ela reconhece até mesmo no erro a sua parcela de verdade; eis por que ela vê nas filosofias já abandonadas, anteriormente vigentes, uma parcela do conhecimento eterno. (Ranke, 2010, p. 204-207)

Alguns autores identificam essa posição de Ranke com o rótulo do relativismo, considerando que, partindo de sua perspectiva, cada realidade é relativa ao contexto específico no qual está inserida. A consequência disso é uma separação entre a história e o presente: quebra-se a integralidade da linha temporal, que unifica passado, presente e futuro. Na interpretação da visão de mundo proposta por Fontana (1998) – e examinadas por nós anteriormente –, essa desvinculação obedece a uma necessidade da classe dominante de seccionar sua ideologia em uma visão pretensamente científica do passado, separada de uma explicação pretensamente imparcial das desigualdades do presente e das propostas de pequenas reformas para o futuro. É, portanto, uma lógica conservadora de análise do passado.

A perspectiva de Ranke acerca da objetividade e da imparcialidade não o impedia de professar sua fé, tampouco era afetada pelo seu posicionamento político. Pelo contrário, como visto, a desvinculação entre passado e presente escondia uma posição ideologicamente conservadora sob uma capa de pretensa objetividade do conhecimento.

A narrativa científica da história tinha como consequência uma higienização de qualquer possível infecção pelas posições radicais existentes no contexto europeu do período. O Estado monárquico alemão – preocupado com a manutenção da ordem e a construção do consenso social baseado no nacionalismo – agia tanto no fomento à produção intelectual quanto na censura e na repressão dos sediciosos. Ranke e os demais historiadores institucionalizados na academia eram parte desse esforço estatal.

Os catedráticos das universidades tinham estabilidade em seus empregos e recebiam recompensas materiais consideráveis. Na virada do século XIX para o XX, os salários mais altos de um catedrático alcançavam a marca de 28 vezes o ordenado de um professor de escola primária. Suas rendas ainda eram complementadas pelas vendas de seus livros (muitos deles *best sellers*) e pelas taxas cobradas dos alunos em seus cursos privados. No final das contas, os historiadores mais bem posicionados integravam a elite da sociedade alemã, e muitos chegavam a ser reconhecidos pelo Estado com altos cargos burocráticos ou títulos como "Conselheiro Secreto do Estado".

Ranke não teve problemas em defender suas posições conservadoras. Fortemente impactado pelas revoluções liberais de 1830, decidiu modificar os rumos de seus estudos em dois sentidos: por um lado, analisando mais profundamente a filosofia e a teoria da história e, por outro, posicionando-se mais diretamente na política nacional. Tanto foi assim que, em 1832, criou a *Revista Histórico-Política*, destinada a defender a monarquia contra as ameaças liberais e revolucionárias, por meio do esforço de construção de um Estado alemão que correspondesse ao espírito daquela nação.

Fábio Frizzo

Seu conservadorismo político expressou-se também no interior do método historiográfico que ajudou a desenvolver e propagar. Marcada pelo privilégio da análise da documentação oficial de Estado, a perspectiva historicista concentrava-se nas diferentes nações (ou povos) como sujeitos do desenvolvimento histórico, diferenciando-se em suas peculiaridades inerentes. Consequentemente, o interesse dos historiadores estava primordialmente associado às atividades diplomáticas e militares que expressavam o relacionamento entre as células nacionais.

A associação entre povo e Estado no par conceitual *Estado-nação* acabava por colapsar o aparelho estatal na categoria fundamental de *povo*, blindando o Estado por meio do caráter essencial e anistórico do espírito nacional. Ademais, o Estado-nação se expressava por meio de seus representantes. Seguindo essa lógica, os atores privilegiados do desenvolvimento histórico seriam os agentes estatais, os "grandes homens" que ocupavam cargos na diplomacia, nas forças armadas e nos altos postos dos poderes governamentais. Por meio da concepção de um espírito nacional, Ranke espiritualizava o Estado e transformava seus líderes em agentes da vontade divina.

Outro importante expoente do historicismo foi Johann Gustav Droysen (1808-1884). Formado na Universidade de Berlim, onde estudou com Hegel, interessou-se por três grandes campos de atuação. No início de sua carreira de pesquisador, voltou-se para a História Antiga, em especial a análise do *helenismo* – termo que introduziu para se referir à civilização mediterrânica após a expansão macedônica.

Na década de 1840, ao assumir um cargo na Universidade de Kiel, Droysen transferiu seu campo de pesquisa e produção historiográfica para a análise política da história contemporânea. A vida na região o levou ao engajamento no movimento contra as pretensões dinamarquesas em relação a alguns ducados alemães. Em um deles – Holstein –, o historiador acabou sendo eleito representante para uma constituinte, mudando-se para Frankfurt. Após o fracasso da empreitada política, concretizada no projeto de unificação da assembleia para a qual tinha sido eleito, retornou à vida acadêmica e manteve sua atuação política restrita ao nacionalismo, que orientou sua produção historiográfica.

Dez anos após seu retorno à academia, no contexto de uma liberalização relativa da política, foi convidado a lecionar na Universidade de Berlim, em 1859. Lá se reuniu com o já consagrado Ranke e outros historiadores importantes do período, como Theodor Mommsen.

Seu terceiro campo de atuação foi a produção teórico-metodológica, marcada por uma peculiar síntese entre filosofia da história, teoria do conhecimento e metodologia histórico-acadêmica. O objetivo central era estabelecer a diferença entre os métodos da análise histórica e aqueles utilizados pela filosofia e pelas ciências naturais. Em um texto sobre a arte e o método, publicado em 1868, Droysen (2010, p. 39) apontou suas influências:

> A escola histórica de Göttingen desenvolveu a sistemática das novas ciências e das suas ciências auxiliares, passando também a preencher com o espírito destas disciplinas mesmo as disciplinas mais remotas. [...] Na nossa nação, o pioneiro da crítica histórica foi Niebuhr e, ao que parece, só foi necessário que a maneira ou técnica (até hoje preservada) presentes em trabalhos brilhantes tenham se expressado em sentenças gerais e teóricas para que as mesmas adquirissem valor como método histórico.

Seguindo a lógica historicista do compromisso dos historiadores acadêmicos numa produção historiográfica que tivesse uma utilidade política voltada para a construção do espírito nacional, Droysen (2010, p. 40) reconheceu o papel público de sua carreira:

De sua parte, a arte do historiador colabora com a imensa influência exercida sobre as opiniões dos seres humanos, uma vez que estes não somente medem a realidade a partir de suas ideias, mas também lhe exigem que se conforme ou reajuste a esta ou aquela maneira – e os homens o exigirão com impaciência cada vez maior o quanto mais facilmente estiverem habituados a pensar a partir de tal inversão das coisas.

Em suas reflexões metodológicas, Droysen aproximou-se de uma discussão com a sociologia do conhecimento e debateu a questão do caráter da produção historiográfica. As fontes são a base do estudo da história e as intermediárias entre o presente e o passado analisado. A compreensão histórica estava, portanto, restringida pela documentação levantada, que, por sua vez, carregava em si concepções próprias sobre os grupos sociais aos quais pertencia. Há, nesse sentido, uma sofisticação epistemológica.

Em nossa ciência, talvez o grande mérito da Escola Crítica, ao menos o mais significativo dentro de uma perspectiva metodológica, seja o de ter incutido a visão de que a comprovação das "fontes" (a partir das quais nós criamos) é o fundamento de nossos estudos. Com isso, a relação da História com o passado foi alicerçada sobre um ponto cientificamente basilar. Essa visão crítica de que o passado não nos é imediato – porquanto se nos apresenta, ao contrário, sempre de maneira mediada, e que, portanto, não conhecemos objetivamente o passado, mas podemos, por meio das fontes, produzir dele apenas uma concepção, uma visão, uma contraimagem, e de que as visões e concepções adquiridas e adquiríveis desse modo são tudo o que podemos saber do passado, de maneira que a História não é fenomênica [...] e realista, mas somente mediada, pesquisada e conhecida desta maneira –, essa visão precisa ser, ao que parece, ponto de partida caso se queira cessar o hábito de se naturalizar a História.
(Droysen, 2010, p. 41-42)

O texto sobre arte e método faz uma boa síntese das tendências defendidas pelos historicistas no que diz respeito à metodologia, conforme pode ser observado nos seguintes trechos:

> Em uma outra situação, recusei a intenção realizada em nossa ciência por parte daqueles para os quais o método das ciências naturais é o único método científico, e que ainda afirmam que a História o precisa aplicar como fito de alçar-se ao nível de uma ciência.
>
> Seria como se na região dos eventos históricos, isto é, da vida moral, somente o análogo fosse digno de atenção, e não também o anômalo, o individual, o livre-arbítrio, a responsabilidade, o gênio; como se não fosse uma tarefa científica buscar caminhos de pesquisa, de verificação e de compreensão para os movimentos e efeitos da liberdade humana, da singularidade pessoal, não importando o quão pequeno ou grande seja o peso que se ponha nelas.
>
> Afinal, temos de qualquer jeito uma compreensão imediata e algo certo das coisas humanas, pois são dadas à nossa observação cada expressão e palavra impressa da inventividade e da lide dos homens. Mas já de se encontrar métodos para que obtenhamos parâmetros e controles **objetivos** que permitam fundamentar, ajuizar e aprofundar estas concepções imediatas e subjetivas – especialmente porque, do passado, apenas dispomos de concepções registradas por outros autores ou fragmentos daquilo que um dia existiu, pois esse parece ser o sentido daquilo que por várias vezes se denominou objetividade histórica. (Droysen, 2010, p. 43-44, grifo do original)

Podemos notar nesse trecho, em primeiro lugar, a busca por uma metodologia particular para as ciências históricas, em oposição à tentativa de unificação metodológica pensada para validar formas universais de conhecimento por meio da utilização do mesmo sistema de análise para objetos da natureza e da sociedade. A valorização da singularidade também aparece como marca da visão historicista para criticar a submissão das individualidades a padrões universais, como os estabelecidos pelas filosofias da história, que buscavam aquilo que havia em comum entre os distintos períodos, e não suas características próprias. Por fim, Droysen (2010) resume a questão da objetividade do conhecimento historiográfico, associando-a à utilização dos métodos corretos para analisar os vestígios que tratam de mediar nossa relação com a história.

Um elemento destacado por Droysen, que é bastante interessante e inovador para o período, é sua concepção sobre os diferentes tipos de testemunhos do passado. Considerando a restrição à história política algo empobrecedor, ele via a necessidade do desenvolvimento de métodos específicos para garantir a análise de cada tipo e, consequentemente, a construção de um quadro mais completo do conhecimento histórico. Dessa maneira, flertava com a análise das representações iconográficas e da cultura material, demonstrando aproximação com a história da arte e a arqueologia e propondo estudos interdisciplinares como solução.

> *Há de se encontrar métodos. Para tal, são necessárias diferentes pessoas para diferentes tarefas, e frequentemente para solucionar **uma** tarefa não se pode prescindir de uma combinação de várias pessoas. Enquanto se acredita que "a História" é essencialmente História Política, e que a tarefa do historiador seria, a partir do legado pelas revoluções, guerras, atos de Estado etc., narrar tendo como fundamento uma nova concepção e uma nova compilação bastará pegar das fontes o melhor material que há, talvez mesmo o material que tenha sido mais bem assegurado pela crítica, e elaborá-lo em um livro, uma conferência ou algo semelhante.*
>
> *[...]*

Quando entramos em uma exposição de antiguidades egípcias [...] podemos, pesquisando nesta ou naquela direção, chegar a resultados positivos. [...] que ferramentas e metais foram necessários para que se trabalhasse sobre pedras tão duras, que construções mecânicas foram possíveis para tirar massas das rochas e colocá-las nas embarcações? Como foram quimicamente preparadas essas cores? De que maneira são feitos os tecidos e de onde eles provêm? Na senda de tais interpretações tecnológicas dos resquícios resultam fatos, que complementam de várias e significativas maneiras o exíguo legado do Egito antigo, e quanto menos diretamente tais fatos tenham sido obtidos tanto maior será a certeza do resultado.

[...]

Quando se tratava de aprimorar a História da Arte do tempo de Rafael e Dürer, não era possível ir muito longe com as "fontes" e com a crítica de fontes, ainda que se pudesse encontrar, ao menos em Vasari e noutros, informações superficiais extremamente desejadas; em suas obras e nas de seus contemporâneos alemães havia um material totalmente diverso, um material autenticamente destinado à pesquisa; um material que, sinceramente, só poderia ser totalmente devassado pelo pesquisador que possuísse recursos bem específicos; ele precisaria conhecer a técnica do pintor para diferenciá-lo dos demais pintores, em seus usos de tonalidades de cor, do chiaroscuro, *da pincelada; [...] ele precisaria dispor do modo de ver daquele tempo, da abrangência de seus conhecimentos gerais, [...] para interpretar corretamente o que se apresenta nas obras de arte e que está sugerido em assuntos paralelos, de modo a comprovar de maneira convincente as intenções ou concepções profundas ou superficiais, em vez de meramente senti-las esteticamente.*

O mesmo vale para todos os outros casos. Seja para pesquisar historicamente arte, direito, comércio, agricultura ou ainda o Estado e a política,

Fábio Frizzo

somente o profundo e múltiplo conhecimento objetivo e técnico dará ao pesquisador condições de encontrar o método para cada caso e com tal método trabalhar; da mesma maneira nas ciências naturais novos métodos vêm sendo constantemente criados para que se retirem os segredos da muda natureza. (Droysen, 2010, p. 44-46, grifo do original)

A compreensão não apenas da diferença de metodologia entre as ciências naturais e históricas, mas também da existência de uma multiplicidade de métodos que dependiam principalmente das características singulares dos objetos a serem estudados, fez com que Droysen elaborasse três grandes conjuntos metodológicos: o **especulativo**, ligado à filosofia e voltado para "reconhecer"; o **físico**, aplicado para "explicar" os fenômenos das ciências naturais e exatas; e o **histórico**, usado para "compreender" as relações sociais.

O fato de Ranke ser reconhecido como o principal nome do historicismo é bastante curioso se considerarmos a importância da figura de Theodor Mommsen (1817-1903). Tendo atuado nas universidades de Leipzig, Breslau e Berlim, foi o mais famoso dos historicistas no século XIX. Identificado por seu conhecimento excepcional das técnicas auxiliares, como a filologia, a epigrafia e a história do direito, também se notabilizou pela qualidade e elegância de sua escrita, que acabou lhe rendendo o Prêmio Nobel de Literatura no ano de 1902. Com uma atividade de pesquisa numerosa, marcada por centenas de trabalhos publicados, sua atividade acadêmica não deixou a desejar, formando mais historiadores que o próprio Ranke.

Advindo de uma formação protestante como outros intelectuais famosos de seu século, Mommsen diferenciou-se da maioria por adotar um caráter mais liberal, sendo considerado um "homem de 1848". Especializou-se na universidade na investigação do direito romano e teve uma ascensão meteórica no sistema educacional universitário alemão, realizando a perspectiva de muitos burgueses dos grupos médios que buscaram ascender por meio da meritocracia acadêmica.

A trajetória institucional nunca impediu Mommsen de se engajar politicamente na defesa de posições nacionais-liberais; ao contrário, sempre pensou o conhecimento como inseparável da política, entendendo que o intelectual não podia despir-se de suas obrigações como cidadão. Em seu discurso de posse na Reitoria da Universidade de Berlim, em 1874, afirmou:

> *Chegamos até aqui e vamos adiante! Eis o horizonte do futuro: organizar o Estado institucionalizado de forma que o comércio alemão, a manufatura alemã, a arte alemã, a ciência alemã, a sociedade alemã e a vida alemã continuem equiparadas ou se equiparem ao poder da nação.*
>
> *Esse é também o horizonte dos intelectuais alemães, em particular os professores universitários. A pesquisa alemã, e sua influência direta sobre a vida prática do ensino acadêmico, contribuíram decisivamente com o estabelecimento dos fundamentos da nossa nação.* (Mommsen, 2010, p. 114)

Suas convicções, entretanto, não o deixaram ileso das represálias. Seu engajamento nas revoluções de 1848 o levou a perder sua primeira cátedra na Universidade de Leipzig e a ser forçado ao exílio na Suíça. Até seus últimos dias, opôs-se ao antissemitismo e ao governo de Bismark.

Destemido e seguro de suas posições, Mommsen assumiu suas convicções políticas para a Alemanha como parte de seu trabalho. Como visto no trecho citado anteriormente, o intelectual devia não apenas construir o ideal de nação como também apoiar a unificação das fronteiras. Esses elementos serviram como guias para a análise produzida pelo autor em sua *História de Roma*, na qual retrata Júlio César como um estadista completo e general do povo, que supera o

Senado oligárquico. A figura de César foi um modo de o historiador defender sua política de unificação nacional por meio de uma escrita com o objetivo deliberado de que o público se reconhecesse na Roma Antiga. Certa vez, definiu a história da seguinte maneira:

> *A História nada mais é do que o conhecimento nítido de acontecimentos efetivos, estabelecidos parte pela descoberta e análise dos testemunhos sobre eles disponíveis, parte pela conexão entre eles, a partir do conhecimento das personalidades atuantes e das circunstâncias existentes, numa narrativa que articule causa e efeito. A primeira parte é o que chamamos de pesquisa histórica de fontes, a segunda consiste na escrita pragmática da História. [...] A aptidão intelectual sobre a qual repousa [a História], o olhar exato, que lhe é corretamente atribuído, quando existem, podem sem dúvida ser desenvolvidos constantemente ao longo do processo de formação, mas não propriamente pela teoria, e sim exclusivamente pelo exercício prático.* (Mommsen, 2010, p. 117)

O trecho mostra a proximidade entre as concepções de Mommsen e outros historicistas, como Ranke, em vários pontos. O primeiro se refere à definição do trabalho historiográfico pelo movimento da análise criteriosa dos registros e do posterior estabelecimento de relações causais entre os acontecimentos. O segundo diz respeito ao peso dado ao exercício prático para a formação do profissional, comprovado pela atuação nos seminários e nos espaços que possibilitavam aos estudantes uma aprendizagem mais ativa. Por fim, apesar de também defenderem posições similares acerca da capacidade dos historiadores de produzir conhecimento objetivo e desenvolver uma ação política, Mommsen demonstrava uma diferença em relação a Ranke nesse sentido: para o segundo, a análise deveria ser apartidária; já o primeiro defendia uma historiografia engajada.

Independentemente das diferenças entre seus autores, o historicismo mantém algumas características fundamentais, sintetizadas por Reis (2006, p. 213-217):

a) a invenção de um conhecimento específico acompanhado de uma metodologia e de técnicas específicas;
b) uma ampla influência cultural que, partindo de uma nova relação com o passado, atingiu o direito, a literatura, a filologia, a política etc;
c) a defesa de que a diferença básica entre fenômenos históricos e naturais está no fato de que os primeiros são singulares e irrepetíveis, ao passo que a natureza pode ser compreendida por meio de regras gerais de funcionamento;
d) a afirmação de que só a história pode explicar qualquer fenômeno humano;
e) a historicização tanto do objeto quanto do sujeito do conhecimento, encaixando o historiador como indivíduo de seu tempo;
f) a visão de que o passado é influente na vida atual;
g) a perspectiva da história como persistência do passado.

(4.2)
A Escola Metódica Francesa

A afirmação da História como disciplina acadêmica e científica na França ocorreu um pouco depois do início da experiência do historicismo na Alemanha. Todavia, a conveniência da língua francesa, ensinada como língua culta por todo o mundo, fez com que a *Revue Historique*, fundada em 1876, acabasse se tornando o periódico mais importante do planeta no campo da história ainda nos últimos anos do século XIX.

Os historiadores da Escola Metódica Francesa sofrem hoje do mesmo problema da criação de um mito historiográfico, questão que discutimos ao tratar de Ranke. Muito mais citados e julgados do que lidos, historiadores como Gabriel Monod, Charles Seignobos, Charles-Victor Langlois, Ernest Lavisse e outros são constantemente enquadrados em categorias às quais não pertencem. A interpretação mais corriqueira – em especial nos países que, como o Brasil, seguem a tradição historiográfica francesa – é a identificação dos historiadores metódicos franceses como intelectuais positivistas. A base dessa interpretação esteve na busca dos jovens historiadores da virada do século – associados à tendência que ficou conhecida como *Escola dos Annales* – de se legitimarem perante seus antecessores. Uma vez que a perspectiva historiográfica dos *Annales* tornou-se hegemônica, consequentemente, reproduziu-se o fenômeno da interpretação dos metódicos como positivistas. Devem ser levadas em consideração, nesse sentido, as disputas por espaço e poder no âmbito acadêmico.

De qualquer maneira, é certo que a associação entre a Escola Metódica e o positivismo é abusiva. Isso fica patente quando se leva em conta o exemplo de dois elementos fundamentais: a) a defesa de uma investigação científica livre das especulações filosóficas; e b) a particularidade do método historiográfico em oposição à universalidade do método científico universal dos positivistas.

Tal como ocorreu no historicismo, o desenvolvimento da metodologia acadêmica e institucional de pesquisa do passado esteve relacionado na França, num sentido mais amplo, à invenção da nação e, num âmbito mais restrito, à reforma universitária. A geração dos historiadores metódicos era herdeira dos românticos, primeiros a ocuparem cargos nas universidades e recém-criadas instituições educacionais, como o Collège de France ou a École Pratique des Hautes Études.

O núcleo desse processo de modernização da pesquisa historiográfica na França foi a *Revue Historique*, dirigida por Gabriel Monod (1844-1912) e criada para fazer oposição à *Revue des Questions Historiques*, fundada dez anos antes por aristocratas e acusada pelos metódicos de estar voltada à propaganda político-ideológica em vez de à real investigação histórica. O coletivo que se organizava na *Revue Historique* guardava certa homogeneidade sociopolítica em sua composição por protestantes, hebreus e franco-maçons. No manifesto da revista, Gabriel Monod reconheceu a dívida dos metódicos com a historiografia francesa anterior, desde Dom Mabillon (considerado o pai da paleografia, ainda no século XVII), passando pelos românticos franceses (como Augustin Thierry e Jules Michelet) até os historicistas Barthold Niebuhr, Leopold von Ranke e Theodor Mommsen. A reivindicação das raízes na França e na Alemanha aponta para o papel desses intelectuais na criação do sentimento de solidariedade entre os cidadãos de uma nação. No caso de Mabillon e dos românticos franceses, reconhecia-se o papel da trajetória do panteão nacional de historiadores. Os alemães, por outro lado, eram reconhecidos não apenas pelo uso do método, mas pelo fato de eles mesmos buscarem a construção da identidade nacional por meio da história.

Em uma avaliação do estado da arte na segunda metade do século XIX, Monod afirmou que a França perdia para a Alemanha no que se referia à cientificidade dos estudos históricos, mas estava à frente na preocupação com a forma, cujo esmero herdaram da geração de historiadores românticos.

Charles Seignobos (1854-1942) abandonou sua formação na École Normale Supérieure para completar seus estudos na Alemanha, onde frequentou a universidade em Göttingen e Berlim, travando contato com o historicismo. Ao retornar à França, foi nomeado, em 1868, professor de História na École Pratique des Hautes Études, criada por

Victor Duruy. Mesmo admitindo ter ficado impressionado com a erudição do trabalho de românticos que o precederam, como Numa Fustel de Coulanges, com quem conviveu, Seignobos era fortemente crítico da perspectiva epistemológica do romantismo.

Seignobos esteve entre os primeiros a se declararem contra o positivismo e o cientificismo na produção historiográfica. Acreditava na objetividade do conhecimento acadêmico, mas, diferentemente do que o senso comum lhe atribui, nunca demonstrou uma posição de fetichismo relativa aos documentos. Em outras palavras, não defendia que os registros do passado falavam por si mesmos, restando unicamente a reprodução ordenada das informações coletadas na documentação; pelo contrário, acreditava no papel ativo do sujeito do conhecimento historiográfico, responsável por elaborar as questões relativas ao método a ser aplicado na documentação.

Outro elemento da crítica de Seignobos a Fustel de Coulanges era a desconsideração que o autor de *A cidade antiga* demonstrava em relação à ação das contingências na mudança política, regida apenas por fatores racionais e previsíveis.

A síntese das proposições da Escola Metódica Francesa acerca do método foi expressa no famoso manual redigido por Seignobos e Charles-Victor Langlois (1863-1929), intitulado *Introdução aos estudos históricos*. Esse trabalho foi fundamental no crescimento da profissionalização, na difusão do método historiográfico e no recrudescimento da especialização na pesquisa. Sua influência não foi sentida apenas em sua terra natal; a obra foi utilizada como pilar no estabelecimento de um campo acadêmico do estudo do passado mesmo fora da Europa – a exemplo do próprio Brasil.

Quando a obra *Introdução aos estudos históricos* foi lançada, em 1898, diversos membros do coletivo ligado à *Revue Historique* já ocupavam cargos nas universidades francesas. A utilização do manual foi o passo decisivo para que a concepção historiográfica metódica se tornasse hegemônica na formação dos historiadores franceses – posto que perdurou até 1930. O manual de Seignobos e Langlois defendia o caráter objetivo do conhecimento, garantido por meio do método de análise da documentação primária. Buscava corrigir as superficialidades e abstrações tanto da filosofia da história quanto da nascente sociologia. Concomitantemente, criticava a história literária romântica de Michelet. O ponto de partida era a documentação. Nas primeiras linhas do livro, os autores afirmam:

> *A história se faz com documentos. Documentos são os traços que deixaram os pensamentos e os atos dos homens do passado. Entre os pensamentos e os atos dos homens, poucos há que deixam traços visíveis e estes, quando se produzem, raramente perduram: basta um acidente para os apagar. [...] Por falta de documentos, a história de enormes períodos do passado da humanidade ficará desconhecida.* (Seignobos; Langlois, 1946, p. 15-16)

Considerando-se que a perspectiva metódica partia de uma hegemonia dos registros escritos e oficiais como documentação própria ao estudo do passado, um dos primeiros passos da análise historiográfica era, portanto, a busca, a seleção e a organização das fontes. Esses procedimentos acabavam por condicionar o saber histórico, restringido pelos registros.

> *Procurar e reunir os documentos é, pois, uma das principais partes do trabalho do historiador, a primeira, sem dúvida, do ponto de vista lógico. Na Alemanha, deram-lhe o nome de Heurística. [...] Já dissemos: onde não há documentos, não é história. [...] Afirmamos, portanto, que o progresso da história depende, em grande parte, dos progressos realizados na elaboração do inventário geral dos documentos históricos, que ainda hoje é fragmentário e imperfeito.* (Seignobos; Langlois, 1946, p. 16, 23)

A etapa heurística era basicamente limitada à organização e catalogação dos arquivos. Os autores chegam a citar exemplos de aquisição privada de documentos, mas enfatizam o papel do Estado na tarefa. Essa é mais uma forma de ligar o conhecimento historiográfico à construção das identidades nacionais. Depois da localização e da seleção das fontes, iniciava-se o segundo passo: a metodologia de análise. Afinal,

> Os fatos não podem ser empiricamente conhecidos senão de dois modos: ou diretamente, quando observados no momento em que se produzem, ou indiretamente, quando estudados nos traços que deixaram. [...] O método da ciência histórica deve, pois, diferir radicalmente do das ciências diretas, isto é, de todas as outras ciências, exceto a geologia, que têm como fundamento a observação direta. A ciência histórica não é, de modo nenhum, embora haja quem assim afirme, uma ciência de observação. [...] O documento é o ponto de partida; o fato passado o de chegada. Entre o ponto de partida e o de chegada é preciso percorrer uma série complexa de raciocínios, encadeados uns aos outros, onde as possibilidades de erro são inúmeras. O método "histórico", ou indireto, é por tal motivo visivelmente inferior ao método da observação direta; mas os historiadores não têm que escolher: ele é único para atingir os fatos passados. (Seignobos; Langlois, 1946, p. 44-45)

Percebe-se a ênfase na particularidade do método "histórico", destinado à produção do conhecimento em ciências ideográficas, caracterizadas pela singularidade de seus objetos de estudo. Cabe ressaltar que a defesa desse argumento era basilar no sentido de justificar o próprio manual publicado pelos autores, que buscavam modernizar a disciplina em oposição aos românticos que os precederam e também às tendências orientadas pelas distintas filosofias da história.

Isto posto, para chegarmos de um documento escrito ao fato que é sua causa remota, isto é, para sabermos a relação que prende o documento ao fato, devemos reconstituir toda a série das causas intermediárias que produziram o documento. Devemos reelaborar mentalmente toda a cadeia dos atos praticados pelo autor do documento, a partir do fato observado, por ele, até ao manuscrito (ou ao impresso), que temos hoje diante dos olhos. Esta cadeia, tomamo-la em sentido inverso, começando pela inspeção do manuscrito (ou do impresso), para chegarmos ao fato antigo. Tais são o fim e a marcha da análise crítica. (Seignobos; Langlois, 1946, p. 46)

Qual seria, portanto, o objetivo da metodologia? Reintegrar o documento em sua plenitude contextual, estabelecendo a veracidade de suas informações. Esse procedimento ocorria a partir de duas etapas: a **crítica externa** e a **crítica interna** das fontes:

Primeiramente, observamos o documento. Está ele tal qual como no momento em que foi produzido? Não foi danificado? Indagamos como ele foi fabricado, a fim de o reintegrarmos se for preciso, em seu texto original e de lhe determinarmos a procedência.

*Este primeiro grupo de trabalhos preliminares, que se executa em função da escrita, da língua, das formas, das fontes, ele constitui o domínio particular da **crítica externa** ou crítica de erudição. A seguir intervém a **crítica interna**: ela tem por fim, atuando por meio de raciocínio por analogia – de que a maior parte é tomada à psicologia geral – reelaborar os estados psicológicos por que passou o autor do documento.*

Sabendo o que o autor do documento disse, perguntamos:

1) O que ele quis dizer?
2) Acreditou ele no que disse?

3) Tinha razões para acreditar no que acreditou?
[...]

Todo documento vale exatamente na medida em que, depois de ter sido estudado em sua gênese, pode ser reduzido a uma observação bem-feita.
(Seignobos; Langlois, 1946, p. 46-47, grifo nosso)

A fase final do trabalho historiográfico consistia em, com base nas operações analíticas, elaborar sínteses das informações obtidas. Iniciava-se com a comparação dos documentos em busca de fatos particulares. Em seguida, reagrupavam-se os fatos isolados em quadros gerais. Em terceiro lugar, preenchiam-se as lacunas mediante deduções ou analogias, a fim de estabelecer interconexões entre os diversos fatos. Após esses passos, escolhiam-se, entre a massa de acontecimentos, aqueles que seriam analisados e arriscavam-se algumas interpretações, sem, todavia, pretender desvendar os mistérios inerentes às sociedades.

Seignobos e Langlois (1946) demonstraram didaticamente a complexidade e a necessidade do método na construção do conhecimento historiográfico considerado moderno e científico. O pilar central da metodologia era a crítica histórica, que orientava todos os procedimentos. Os dois autores ainda propuseram uma divisão do trabalho: arquivistas e bibliotecários seriam responsáveis pelas técnicas de erudição; jovens historiadores utilizariam o método para compor pequenas monografias; e professores catedráticos combinariam os resultados em grandes sínteses históricas.

O manual de Seignobos e Langlois foi a base para a expansão da História como disciplina acadêmica na França, mas o maior organizador dos projetos institucionais ligados a esse processo foi Ernest Lavisse (1842-1922), famoso por suas cinco nomeações para concorrer ao Prêmio Nobel de Literatura. Foi colaborador de Duruy quando este ocupava o Ministério da Educação, o que fez com que sua carreira acabasse comprometida com o colapso do Império. Seguindo o exemplo de Monod, decidiu viajar à Prússia, onde se convenceu da fraqueza da educação superior francesa. Isso acabou influenciando sua participação posterior no processo de reformas que criou a Nouvelle Sorbonne.

A importância fundamental de Lavisse para a Escola Metódica Francesa e o desenvolvimento nacional do conhecimento historiográfico foi a organização de uma grande coleção, em nove volumes, sobre a história da França. Esse trabalho monumental teve como princípio a elaboração da história de uma nação surgida na monarquia do rei franco Clóvis e alicerçada em fatos políticos, militares e diplomáticos.

O uso da história para a construção de uma identidade nacional orientou as reformas escolares estabelecidas após a vitória da República, em 1880, com o objetivo de alfabetizar a população. Os historiadores da Escola Metódica Francesa se envolveram nos esforços da reforma, incluindo entre seus objetivos o desenvolvimento de um sentimento de amor à República, consolidando sua base social. Isso ficou claro nos manuais utilizados, entre os quais o mais popular, chamado carinhosamente de *Petit Lavisse*, contava com 75 edições em 1895.

A ação nas reformas e o apoio ao regime republicano mostram claramente que os historiadores metódicos franceses não viam uma oposição entre o trabalho historiográfico e a militância política. A história não deveria ser neutra, mas, ao contrário, estaria a serviço da nação, formando cidadãos conscientes de seus deveres para com a República.

Fábio Frizzo

(4.3)
A INSTITUCIONALIZAÇÃO DA HISTÓRIA ANGLO-SAXÃ

A institucionalização acadêmica da disciplina histórica na Grã-Bretanha, ocorrida na segunda metade do século XIX, deu-se num ambiente intelectual de grande interesse público pelo passado em virtude do sucesso comercial de autores como Edward Gibbon e Thomas Macaulay. Inicialmente, a história tinha, portanto, a tarefa de entreter as pessoas e, consequentemente, auxiliava na criação de sua identidade. No final dos Oitocentos, já abandonara a relação com a literatura e os anseios populares, passando a estar marcada pela lógica institucional das universidades e pelo engajamento dos professores no estabelecimento do caráter científico da análise do passado.

A busca pelo passado veio acompanhada, assim como ocorreu na Europa, por um movimento de organização de acervos e arquivos – seguindo o movimento do início do século de resgate das fontes medievais organizado por uma comissão especial parlamentar – e pela criação de uma categoria profissional homogênea, composta por historiadores associados em sociedades históricas e divulgados em periódicos nacionais.

Já na década de 1830, os historiadores passaram a ter um perfil mais institucionalizado, com uma formação própria e experiência, trabalhando em seminários – como aqueles organizados na Alemanha – e com arquivos. Vinte anos depois, foi criada uma Comissão Real voltada para tratar da modernização das universidades, fazendo com que a História ingressasse no currículo da educação superior. Concomitantemente, as universidades de Oxford e Cambridge se expandiram.

O passado já era tema de ensino nas universidades desde o estabelecimento das primeiras cátedras de História, no primeiro quartel do século XVIII. Todavia, até meados do século posterior, a História ainda tinha papel secundário, muito em razão do medo da influência política e da subversão religiosa que os professores poderiam despertar. Em 1869, uma autorização real sancionou a criação da Comissão de Manuscritos Históricos, que logo passou a organizar projetos de vulto nacional, como um dicionário nacional de biografias.

A orientação dos historiadores profissionais britânicos, muito próxima da identificada em seus colegas continentais da França e da Alemanha, levou a uma ênfase na produção em áreas de história do direito e da administração estatal. Na primeira edição da *English Historical Review*, publicada em 1886, afirmava-se o papel central do Estado e da política nos temas de pesquisa porque suas ações seriam mais importantes que os atos dos cidadãos.

O grande representante na Grã-Bretanha da historiografia moderna e acadêmica, com pretensões científicas, foi John Emerich Edward Dalberg-Acton, que ficou conhecido como Lord Acton, em razão de seu título nobiliárquico de barão. Membro de uma família católica, Lord Acton (1834-1902) foi impedido de estudar na Universidade de Cambridge e acabou se mudando para Munique para cursar o ensino superior. Na Alemanha, entrou em contato com a metodologia historicista e acabou conhecendo pessoalmente Leopold von Ranke, de quem se considerava discípulo.

Ao retornar à Inglaterra, Acton se envolveu por um tempo na vida político-parlamentar, na qual se aproximou do então primeiro-ministro William Gladstone, com quem cultivou uma amizade. Por influência do amigo, acabou sendo indicado, em 1895, para assumir o cargo de professor *regius* de História Moderna da Universidade de Cambridge. Um ano depois, iniciou os diálogos com a editora da universidade para a publicação de uma obra de fôlego com a temática da **história mundial** ou **história universal**. Não convencidos da possibilidade de execução dessa tarefa, os responsáveis pela editora chegaram a um acordo para a publicação de um título com vários volumes sobre a **história moderna** a partir do Renascimento. A escolha desse recorte terminou redefinindo o conceito de história moderna, até então associado ao período após a queda do Império Romano do Ocidente, em 476 a.C. A exclusão da história medieval acabou sendo fundamental para que a editora aceitasse a empreitada.

A ideia inicial era que o próprio Lord Acton, reconhecido por sua erudição, fosse o único responsável pela redação da *Cambridge Modern History*. Posteriormente lhe foi sugerido o papel de editor, o que considerou mais apropriado. O título deveria seguir o modelo de outras obras de referência e mesma magnitude, como a publicada por Lavisse e Rambaud na França. A estratégia era convidar os maiores especialistas capazes de redigir em língua inglesa para os temas, cujos trabalhos deveriam ser condicionados aos limites estabelecidos pelo editor.

O sumário do plano elaborado para a *Cambridge Modern History* por Acton tinha cinco elementos principais, descritos numa carta endereçada aos representantes da editora. O primeiro era a divisão dos temas entre especialistas de qualidade e experiência reconhecidas. Em segundo lugar, aparece a exigência de um texto limpo, sem notas ou citações, voltado para um público de interessados em história mais do que de historiadores.

Metodologicamente, a produção dos volumes deveria obedecer aos pressupostos que Acton considerava elementares para a garantia da objetividade do conhecimento. Nesse sentido, segundo o próprio organizador, a *Cambridge Modern History* deveria ser rankeana. Por considerar a história uma ciência progressiva, não era ambicioso pensar que a obra de Acton deveria mesmo revisar algumas posições do nome mais importante do historicismo. Consequentemente, dever-se-iam expressar as principais conquistas do século XIX no campo das pesquisas historiográficas, que foram definidas por Acton como o uso de fontes originais, do método crítico e da imparcialidade.

A ênfase na imparcialidade aparece nas missivas endereçadas aos responsáveis pela Cambridge University Press, aos quais Acton (citado por Altholz, 1996, p. 730, tradução nossa) alertou que deveriam "evitar enunciados de opinião desnecessários e o serviço a uma causa". A questão foi repetida em carta escrita aos autores, num texto bastante citado:

> Nosso esquema requer que nada revele o país, a religião ou o partido a que os escritores pertencem. É essencial não apenas no sentido de que a imparcialidade é o caráter de legitimação da história, mas porque o trabalho está a cargo de homens agindo juntos unicamente para o objetivo de aumento do conhecimento exato. A divulgação de visões pessoais levaria a tal confusão que toda a unidade planejada desapareceria. (Acton, citado por Altholz, 1996, p. 730, tradução nossa)

O terceiro elemento essencial do plano para a produção da *Cambridge Modern History* era justamente a diferenciação entre a unidade orgânica de uma história geral e a soma de histórias nacionais como princípio de distribuição de assuntos. Logo, para a manutenção do caráter universal da obra, as histórias nacionais deveriam aparecer subordinadas a um tema comum. Evidentemente, isso não significava eliminar a agência das nações – tão característica da perspectiva histórica do período –, mas controlar a localização e o tratamento dessas histórias.

A imposição da imparcialidade aos autores dos capítulos, tanto no sentido de filiações políticas e religiosas como no tocante à tão aclamada identidade nacional, pode levar à crença de que a obra não deveria expressar nenhuma posição. Entretanto, esse requerimento de imparcialidade nada mais era do que a submissão das inúmeras perspectivas individuais dos autores à expressão da ideologia defendida por Lord Acton, a qual se manifestam no próprio planejamento da obra.

A quarta característica essencial da obra era o que o organizador definiu como uma proporção entre o pensamento histórico e o fato histórico. Isso significava a necessidade de adicionar à história tradicional dos fatos políticos uma história do pensamento. Acton defendia que religião, filosofia, literatura, ciência e arte deveriam fazer parte da narrativa maior, cujo fio condutor era a sucessão dos acontecimentos, principalmente aqueles ligados às instituições estatais.

O último ponto fundamental elencado para a *Cambridge Modern History* era pautado na necessidade de apontar o mapa e o compasso para o novo século. Muitos analistas chegaram a criticar Lord Acton, afirmando que isso seria uma forma de associar o passado a uma previsão mecânica de futuro. Na realidade, o que o organizador da obra queria era dedicar o último volume à demonstração dos movimentos e tendências em operação na época e que, consequentemente, estavam destinados a moldar o próximo século. A metáfora do mapa e do compasso seria, portanto, mais bem interpretada como um oferecimento de portos e direções possíveis por onde a história poderia navegar no século XX.

A despeito do investimento de seus esforços na produção da *Cambridge Modern History*, Lord Acton acabou falecendo antes da publicação do primeiro volume da coleção, que ocorreu apenas em 1912.

Nos Estados Unidos da América, durante boa parte do século XIX, a história esteve a cargo de analistas amadores, em geral religiosos, advogados, comerciantes ou grandes proprietários de terras. Em 1880, só havia 11 professores de História nesse país, por mais que cinco anos depois esse número tivesse chegado a 100. O crescimento exponencial dos profissionais esteve ligado à reforma e à expansão das universidades estadunidenses na virada do século. Essa reforma também levou à maior especialização dos professores, responsáveis pela elaboração de cursos mais intensos nas graduações.

O primeiro grupo de historiadores institucionalizados na América teve sua formação na Alemanha. Metade dos homens e poucas mulheres em posições acadêmicas nos EUA do final do século XIX haviam cursado pós-graduações em universidades germânicas. Alguns deles importaram o modelo dos seminários ou das oficinas historicistas e, assim, começaram a formar pesquisadores no próprio território nacional estadunidense.

As primeiras faculdades a estabelecerem cursos de História, Ciências Sociais e Ciências Políticas no território estadunidense foram a John Hopkins University, em 1876, e o Columbia College, 1881. Quais seriam, contudo, os objetivos desses cursos? O intuito era o civismo, com o objetivo de preparar jovens para suas carreiras na burocracia ou nas obrigações da vida pública em geral. Tal iniciativa ganhou uma expansão guiada pelo governo e voltada para o ensino escolar.

Por meio de um "Comitê de Sete" historiadores de ponta, a disciplina avançou, em 1899, no estabelecimento de diretrizes básicas para a criação de um currículo de *high school* (nível similar ao nosso ensino médio) recheado com quatro anos de cursos acerca do passado antigo, medieval, europeu, inglês e estadunidense.

O desenvolvimento de uma comunidade acadêmica de historiadores e historiadoras nos EUA teve como marco a fundação da American Historical Association, em 1884, responsável por garantir principalmente a comunicação entre seus membros espalhados pelo território continental do país. A publicação da revista dessa associação também foi fundamental para diferenciar a produção historiográfica profissional daquela desenvolvida por amadores e, concomitantemente, homogeneizar o trabalho dos historiadores e historiadoras acadêmicos.

A crítica textual também orientava o tratamento dos documentos nos EUA, considerando-se que os pesquisadores deveriam estar preparados para trabalhar na atividade heurística de seleção e organização dos arquivos. Tal como a perspectiva metódica, a análise da documentação deveria basear-se nos princípios indutivos com vistas a revelar as informações ali contidas.

(4.4)
BURCKHARDT E A HISTÓRIA DA CULTURA

Formado bem no centro efervescente do historicismo, Jacob Burckhardt (1818-1897) acabou ficando marcado pelo desenvolvimento de uma conduta metodológica que, mesmo carregando traços semelhantes aos da perspectiva de Ranke e demais historiadores ligados a ele, guardou suas especificidades. Como outros intelectuais de sua época, era filho de um pastor protestante e nasceu na cidade de Basileia, onde estudou Teologia. Em 1839, mudou-se para Berlim com a finalidade de estudar História e acabou participando dos famosos seminários de Ranke. Uma vez formado, voltou ao país de origem, onde lecionou na Escola Politécnica de Zurique e na Universidade de Basileia, permanecendo nesta última como titular de uma cadeira de História até sua aposentadoria, em 1893. Seu vínculo com a universidade de sua cidade natal tornou-se tão intenso que resultou na negação de convites para ocupar cargos em instituições alemãs, incluindo a própria cadeira de Ranke em Berlim.

O autor interessou-se majoritariamente pela pesquisa de temáticas artísticas e culturais. Seu trabalho mais influente é, sem dúvida, *A cultura do Renascimento na Itália*, publicado em 1860. O peso dele para a história é tão grande que é possível afirmar que o modo como vemos o Renascimento hoje tem suas raízes na obra de Burckhardt.

Partindo de fundamentos da própria perspectiva romântica, como a valorização das particularidades históricas, Burckhardt acabou se opondo a um dos princípios do romantismo – a supervalorização da nacionalidade. O autor tratou de fazer isso associando a homogeneidade nacional à destruição da diversidade cultural local. Nesse sentido, defendia politicamente a adoção de uma espécie de orgulho da identidade local – no seu caso, a Basileia.

Outro elemento que o afastava de suas influências iniciais era a predileção pela análise da cultura e não da política, conceituando *cultura* como uma produção espontânea do espírito humano.

> *A história da cultura, ao contrário, tem* primum gradum certitudinis, *pois se nutre principalmente do que as fontes e os monumentos nos revelam, sem nenhuma intenção ou interesse, inconscientemente e mesmo através de suas invenções, prescindindo por completo dos dados de fato que podem intencionalmente referir, contradizer ou celebrar – e nisso voltam a ser instrutivos do ponto de vista histórico-cultural.* (Burckhardt, 2010, p. 169)

Podemos perceber que o esforço do autor para defender o estudo de fenômenos e registros culturais – num campo institucionalizado marcado pela hegemonia do uso de fontes escritas – voltou-se à comparação com outros documentos para afirmar a superioridade da documentação cultural, uma vez que os registros escritos seriam mais facilmente manipulados. Da mesma maneira que Lord Acton, que apontava o pensamento como um objeto da análise histórica, Burckhardt (2010, p. 169) sustentava que "O desejado e permitido é, portanto, mais importante que o acontecido; a ideia é importante como qualquer atitude, pois em determinado momento se exprimirá exatamente em ação: 'Se primeiro indaguei o íntimo do homem, conheço também sua vontade e sua ação'".

Embora seja sua temática mais conhecida, o caráter verdadeiramente inovador da obra de Burckhardt não foi sua interpretação do Renascimento – anos antes, Michelet já tinha avançado nesse caminho. A novidade estava em sua abordagem. Influenciado pelos seminários historicistas, tratou de desenvolver um método de análise para estudar a vida e a produção cultural, incluindo no seu conceito amplo de cultura a religião, os festivais, a moda, a literatura, as artes plásticas etc.

> *Com base nisso se esclarece também o modo com que se deve ler as fontes; os monumentos mais significativos, os historiadores assim como os poetas nos aparecem como quadros complexos, e não devem ser consultados como testemunho sobre alguma questão especial, mas devem ser lidos **por inteiro**. Além do mais, é recomendável ler, também **por inteiro**, autores de segundo e terceiro nível, e não confiar no que outros tenham lido neles. Os monumentos devem ser contemplados na totalidade; e as fontes são também monumentos. Frequentemente, o elemento mais importante se encontra no ponto mais remoto.*
>
> *[...]*
>
> *Em resumo, o que nos deve levar a ler **inteiramente** os autores é a convicção de que o que é importante **para nós** somente nós o poderemos encontrar. Nenhum manual de comentários do mundo, com suas citações, poderá substituir aquela combinação química que uma frase descoberta*

por nós forma com a nossa atenção e o nosso pressentimento, de modo a passar verdadeiramente a fazer parte de nosso patrimônio espiritual. (Burckhardt, 2010, p. 174-175, grifo do original)

Além da erudição, a análise da arte compreenderia também um aspecto individual e sensorial. O mais importante, todavia, seria a defesa do uso de uma documentação que não se restringisse ao suporte da escrita, sem ignorá-lo. Nesse sentido, Burckhardt bebia na fonte de historiadores da arte humanistas do Renascimento, como Giorgio Vasari. Outro elemento que aproximou Burckhardt dos românticos foi seu esmero com a forma. O autor não via contradições entre uma escrita acessível e o comprometimento com a verdade.

Burckhardt não foi acrítico em relação ao Renascimento. Buscou rechaçar a agressividade dos déspotas, que agiam para oprimir o individualismo nascente. Essa simpatia pelo individual foi fundamental para que o autor desenvolvesse sua crítica ao nacionalismo como homogeneização, e não como particularismo.

Síntese

A partir da base filosófica do romantismo, a história surgiu no século XIX como um campo acadêmico institucionalizado inserido no contexto sociopolítico de construção das identidades nacionais e de consolidação da hegemonia da visão de mundo liberal burguesa. Separando-se da explicação do presente e do projeto para o futuro, a análise do passado ganhou uma pretensa objetividade científica, garantida pela aplicação de métodos específicos voltados para a crítica documental. Tendo o historicismo alemão como centro, a concepção de um historiador profissional difundiu-se rapidamente, o que levou à criação de universidades, periódicos, associações etc. em vários países do mundo. A escolha pela política como objeto principal não era fortuita. A associação entre o Estado e a identidade nacional, por um lado, e entre a estrutura estatal e seus líderes, por outro, garantia uma interpretação que acabava caracterizando os altos funcionários do aparelho estatal como os verdadeiros agentes históricos, representantes legítimos do espírito popular. A consequência acabava sendo a manutenção do *status quo*.

Houve, entretanto, quem se insurgisse contra essa forma de pensar a história. O século XIX também ficou marcado pelo surgimento de concepções revolucionárias sobre como olhar para o passado. Mas isso é assunto do próximo capítulo.

Atividades de autoavaliação

1. O historicismo alemão teve importância fundamental no estabelecimento do método profissional e na institucionalização acadêmica da História. Segundo Reis (2006), esse movimento pode ser dividido em três grandes etapas relacionadas ao caráter do conhecimento produzido e sua relação com a filosofia. Sobre essas etapas, analise as afirmações a seguir e marque V para a(s) verdadeira(s) e F para a(s) falsa(s).
   ( ) No final do século XVIII, houve uma vertente do historicismo mais ligada ao romantismo e que acentuava a divisão entre o humano e o natural.
   ( ) Em meados do século XIX, o historicismo afastou-se das influências filosóficas, elaborando um campo específico para as ciências humanas.

( ) Na segunda metade do século XIX, o historicismo retomou elementos filosóficos do Iluminismo, afastando-se da perspectiva particularista de nação em direção ao universalismo.

( ) No final do século XIX, o historicismo já havia assumido a forma epistemológica científica.

Agora, assinale a alternativa que apresenta a sequência correta:

a) V, F, V, V.
b) V, V, F, V.
c) V, F, F, V.
d) F, V, V, F.

2. Ainda que os diferentes autores historicistas mantivessem diferenças entre suas maneiras de construir os relatos acerca do passado humano, é possível identificar características fundamentais do movimento. Analise as assertivas a seguir, que expõem algumas dessas características.

I) A construção de uma metodologia e uma epistemologia específicas.

II) A diferenciação entre as dinâmicas explicativas dos fenômenos naturais e históricos, baseada na singularidade dos últimos e na repetição dos primeiros.

III) Uma visão da história baseada acima de tudo no rompimento, mais do que na continuidade.

IV) A perspectiva de que o conhecimento do passado era fundamental para a vida atual.

Agora, assinale a alternativa correta:

a) Apenas as assertivas I, II e III são verdadeiras.
b) Apenas as assertivas I e II são verdadeiras.
c) Todas as assertivas são verdadeiras.
d) Apenas as assertivas I, II e IV são verdadeiras.

3. Um dos importantes nomes do historicismo alemão foi Johann Gustav Droysen, criador do conceito de helenismo para definir a ação da expansão macedônica na Antiguidade. A compreensão das diferenças metodológicas necessárias para analisar fenômenos naturais e históricos, característica dos historicistas, fez com que Droysen afirmasse que o conhecimento deveria estar dividido em três grandes conjuntos metodológicos. Sobre esse elemento do pensamento de Droysen, assinale a alternativa correta:

a) Os três métodos estavam divididos de acordo com os objetos a serem estudados: um dedicado à filosofia, outro às ciências naturais e exatas, e o terceiro associado à história e às relações sociais.
b) As metodologias desenvolvidas por Droysen buscavam distinguir o reconhecimento da explicação e da narração, associadas às diferentes áreas do conhecimento.
c) A perspectiva de Droysen teve forte influência do Iluminismo, reproduzindo a ideia das leis universais da ciência.
d) Os três conjuntos metodológicos eram caixas de ferramenta que deveriam estar à disposição para a escolha dos pesquisadores interessados na análise dos fenômenos das relações sociais.

4. A historiografia do século XIX não foi homogênea nem mesmo dentro do âmbito germânico. Embora tenha sido discípulo de Ranke, Jacob Burckhardt construiu uma visão própria acerca da investigação do passado, que se diferenciava em alguns pontos importantes do historicismo alemão. Assinale a alternativa que aponta corretamente uma dessas diferenças:
   a) Ao contrário dos historiadores de seu tempo, Burckhardt não desenvolveu um método específico para a análise das relações humanas, que ele identificava como similares aos fenômenos da natureza.
   b) Diferentemente dos historicistas, que valorizavam fortemente a documentação na produção historiográfica, Burckhardt trabalhou mais com a perspectiva romântica da valorização da forma, independentemente do trabalho com fontes primárias.
   c) Burckhardt se diferenciou dos historicistas por sua crítica ao nacionalismo, visto por ele como uma perspectiva homogeneizadora, e não particularista.
   d) Os historicistas valorizavam a esfera da vida política, ao passo que Burckhardt ficou conhecido pela elaboração dos elementos iniciais de uma história econômica.

5. No final do século XIX, a editora da Universidade de Cambridge resolveu elaborar uma compilação da história universal a partir do Renascimento. O principal responsável pela coleção seria Lord Acton, que ficou conhecido como o principal nome da historiografia moderna e acadêmica da Grã-Bretanha no período. Sobre as escolhas feitas por Lord Acton na *Cambridge Modern History*, assinale a alternativa correta:

a) Uma das principais orientações para o trabalho de elaboração da obra era que os autores deveriam preocupar-se fundamentalmente com o trabalho de síntese historiográfica, deixando de lado as fontes primárias.

b) A ênfase no caráter universal da obra significava a supressão das nações como sujeitos históricos, na tentativa de estabelecer uma verdadeira história mundial.

c) A perspectiva defendida por Lord Acton para a obra era a de valorização da subjetividade dos autores, descartando uma dinâmica de imparcialidade em favor da representação das crenças político-religiosas dos pesquisadores.

d) Lord Acton defendeu que a história apresentada pela *Cambridge Modern History* deveria ir além da apresentação dos fatos políticos, incluindo também outros aspectos do pensamento, como a religião, a filosofia e a arte.

Atividades de aprendizagem

Questões para reflexão

1. Embora tenham sido os representantes de uma perspectiva historiográfica que ia diretamente contra a teologia da história, Leopold von Ranke e outros historicistas tinham uma formação religiosa densa, que esteve presente de maneiras diferentes em suas obras. Explique a relação entre o pensamento histórico de Ranke e a religião.

2. Mesmo que seja comum, a associação entre os historiadores da Escola Metódica Francesa a uma perspectiva positivista é errônea. Explique os motivos que levaram esse equívoco a se tornar comum.

3. O livro mais famoso da historiografia metódica francesa deve ser o manual *Introdução aos estudos históricos*, escrito por Charles Seignobos e Charles-Victor Langlois. Essa obra foi importante na difusão do método de trabalho utilizado pela historiografia francesa no período. Explique as características desse método.

Atividade aplicada: prática

1. Analise um livro didático de História do ensino médio e identifique os vestígios de uma historiografia historicista na elaboração dos conteúdos. Em seguida, produza um texto dissertativo crítico para expor os resultados da pesquisa.

Capítulo 5

O materialismo histórico
e a visão de história no
marxismo do século XIX

Em conjunto com a expansão da forma de organização social burguesa, o século XIX observou também, desde cedo, as desilusões com as promessas capitalistas de progresso na qualidade de vida de toda a população mundial. A industrialização levou trabalhadores e trabalhadoras da Europa a condições de vida degradantes e jornadas de trabalho exaustivas. Além das diversas revoltas, greves e rebeliões, a esfera intelectual respondeu a esse contexto com a elaboração de uma teoria crítica da sociedade e do desenvolvimento histórico construído pela visão de mundo burguesa. No âmbito dessas perspectivas críticas, destacou-se a radicalidade das elaborações de Marx, Engels e seus seguidores, que apontaram o papel ativo dos historiadores e de todos os intelectuais na manutenção ou na desconstrução da visão de mundo e da historiografia que sustentavam aquela realidade problemática.

Dessa maneira, Marx e Engels elaboraram uma perspectiva radicalmente histórica ao historicizar o próprio presente, demonstrando que toda elaboração teórica ou historiográfica acompanha uma defesa de determinada visão de mundo e, consequentemente, de uma ordem social.

Neste último capítulo, vamos abordar o materialismo histórico, analisando seu surgimento e as ideias de seus principais pensadores – Marx e Engels.

(5.1)
O CONTEXTO DO SURGIMENTO DO MATERIALISMO HISTÓRICO

A década de 1830 foi marcada pelo estouro de revoluções liberais na Europa, após a tentativa de restabelecimento da ordem do Antigo Regime como reação às invasões napoleônicas. Embora tenham contado com participação popular, os movimentos de 1830 foram dirigidos pelas elites burguesas, ávidas pelo domínio social. Logo, as conquistas obtidas foram frágeis, especialmente para as camadas mais pobres da população.

Independentemente da falta de avanços expressivos, a reação às ebulições sociais de 1830 foi marcada pelo uso da violência. Na França, o resultado havia sido apenas a modificação da dinastia, garantindo o poder da burguesia, ao passo que, na Inglaterra, revoltas camponesas foram esmagadas e as mudanças se restringiram a uma reforma parlamentar. Na Alemanha e na Itália, os movimentos que acabaram mais tarde nas unificações também sofreram enorme repressão, com o auxílio de forças austríacas.

O quadro resultante não foi, portanto, muito benéfico para as classes subalternas europeias. Além disso, mesmo as nações mais enriquecidas pelo desenvolvimento industrial estavam, na década de 1830, dando claros sinais de que a qualidade de vida dos trabalhadores e trabalhadoras não melhoraria com o avanço do capitalismo liberal. Pelo contrário, a situação dos operários e operárias ingleses era pavorosa, incluindo jornadas de trabalho de até 18 horas em ambientes insalubres, com utilização irrestrita de mão de obra infantil e números altíssimos de acidentes de trabalho, que resultavam em sequelas físicas permanentes. A realidade dos trabalhadores do campo não era melhor, já que grande parte deles sofria com fome em decorrência da infertilidade das terras ou mesmo da ausência delas. Na Alemanha, a primeira metade do século XIX foi marcada por grandes fomes em decorrência de dois motivos principais: 1) as colheitas fracassadas, que levaram a uma elevação considerável no preço dos alimentos; e 2) o empobrecimento relativo à baixa nas exportações industriais.

A população estava percebendo que a realidade era muito diferente da ideia difundida de que o trabalho duro poderia levar a uma melhora na qualidade de vida dos grupos subalternos. Em meados do século XIX, já estava claro que as consequências da Revolução Industrial eram terríveis para os trabalhadores e trabalhadoras. O empobrecimento geral dessas camadas subalternas levou a uma modificação no tratamento social dado à pobreza. Durante a Idade Média, a miséria (em especial a urbana) era vista como caso de caridade, e a nova ordem burguesa estabeleceu uma nova forma de lidar com a pobreza, em função da ameaça que esta constituía para a ordem social por meio de levantes e revoltas populares. Assim, a primeira metade do século XIX foi marcada, na Europa, pelo avanço da associação entre pobreza e delinquência.

O estabelecimento de uma ligação entre empobrecimento e risco de conflitos sociais foi acompanhado pelo movimento de criação dos aparatos repressivos dos Estados nacionais. No âmbito jurídico, surgiram várias leis que condenavam a pobreza por meio da criminalização da vadiagem, por exemplo. Concomitantemente, os sistemas carcerários evoluíram para utilizar a força de trabalho dos condenados.

Você deve estar se perguntando se a população pobre e trabalhadora aceitou essa conjuntura repressiva de braços cruzados. Esse cenário desolador não esteve desacompanhado de reações populares. A derrota dos projetos mais radicais nas revoluções de 1830 e a crescente piora na qualidade de vida dos grupos subalternos proporcionaram uma descrença na ideologia da prosperidade e a percepção de que a industrialização havia apenas aumentado a exploração e a desigualdade social. As respostas da população foram inúmeras.

Levantes dos trabalhadores e trabalhadoras já vinham ocorrendo desde o início do século, como atesta o movimento ludista na década de 1810. As formas de organização dos subalternos para a resistência acabaram revelando uma crítica social na prática, a qual foi elaborada teoricamente de diferentes maneiras por inúmeros intelectuais, que podem ser divididos em duas grandes correntes: as críticas reformistas e as radicais.

A vertente **reformista** era ligada à própria interpretação burguesa e liberal. Embora expusessem as mazelas da realidade dos trabalhadores e trabalhadoras, autores como Eugène Buret acreditavam que apenas medidas de reformas humanitárias seriam capazes de resolver a situação. A posição crítica **radical**, por outro lado, apontava, no sentido literal da palavra, a raiz das péssimas condições das classes subalternas como parte dos fundamentos econômicos do sistema capitalista.

Um dos primeiros críticos radicais a propor vias alternativas de desenvolvimento foi Robert Owen (1771-1858). Filho de artesãos, foi diretor e acabou sócio de uma fábrica na Escócia. Sua oposição ao sistema não se restringiu à teoria: implementou na própria empresa uma jornada de trabalho mais justa para os empregados (cerca de seis a quatro horas menor do que as aplicadas costumeiramente no período), além de construir casas e creches para suas famílias e auxiliar na organização de cooperativas. Essa experiência, na cidade escocesa de New Lanark, transformou-se em referência e foi visitada por políticos e estadistas. Todavia, a utopia de Owen foi a tentativa de fundação de uma colônia socialista nos Estados Unidos, chamada New Harmony, que durou entre 1825 e 1827.

Entre 1830 e 1848, a organização do movimento dos trabalhadores e trabalhadoras ingleses avançou na compreensão de que era necessário transformar radicalmente a estrutura produtiva, no sentido de melhorar as condições de vida dos subalternos. Um passo nesse sentido foi dado pelas reivindicações do movimento cartista, que visavam a garantir uma representação parlamentar operária.

Em boa parte da Europa foram organizadas sociedades secretas populares com o objetivo de pensar formas de modificação social.

Inúmeras delas contavam com uma orientação que ficou conhecida posteriormente como *socialista utópica*, baseadas em concepções de teóricos como o francês Louis Auguste Blanqui. Entre os diversos intelectuais voltados para a causa das classes subalternas, destacou-se Karl Marx (1818-1883).

Nascido numa cidade da Prússia em uma família de classe média sustentada por seu pai, um funcionário público, Marx iniciou os estudos em 1830 e seguiu para a Universidade de Bonn a fim de se graduar em Direito. Dado inicialmente mais a festas e arruaças, acabou, sob pressão do pai, transferindo-se para a Universidade de Berlim, onde teve intenso contato com a influência hegeliana, em especial do grupo de jovens hegelianos composto por nomes como Bruno Bauer e Ludwig Feuerbach.

Influenciado a largar o Direito pelo contato com os jovens hegelianos, Marx doutorou-se em Filosofia na Universidade de Iena, em 1841, com uma tese sobre os filósofos gregos Demócrito e Epicuro. Embora ansiasse por uma carreira acadêmica, essa trajetória foi impedida pela expulsão política de Bauer de sua cátedra na Universidade de Bonn, mostrando as intenções do governo para com os jovens hegelianos. Isso fez com que o jovem Marx aceitasse, um ano depois de concluir seu doutoramento, o cargo de redator de um jornal crítico ao Estado prussiano, a *Gazeta Renana*.

Em 1843, a *Gazeta Renana* foi fechada pelo governo prussiano e Marx fugiu para o exílio em Paris, onde assumiu a redação dos *Anais Franco-Alemães*, um jornal de oposição criado por exilados germânicos reunidos na capital francesa. No mesmo ano, conheceu uma das sociedades voltadas para a luta dos trabalhadores e trabalhadoras, a Liga dos Justos, que mais tarde veio a se chamar *Liga dos Comunistas*.

Quando ainda trabalhava na redação da *Gazeta Renana*, Marx conheceu Friedrich Engels (1820-1895), que viria a ser seu maior amigo e parceiro intelectual. Nascido na cidade de Barmen, Engels vinha de uma realidade diferente da de Marx: era filho de um rico industrial. Em 1842, o jovem foi enviado para a Inglaterra com a tarefa de dirigir as fábricas têxteis da família e pôde observar de perto a miséria do operariado inglês. Dois anos depois, resolveu voltar à Alemanha, mas no caminho fez uma visita a Marx, com quem já se correspondia em Paris.

(5.2)
A OBRA INICIAL DE MARX E ENGELS

Ainda no biênio 1842-1843, Marx ficou responsável pela elaboração de quatro artigos que tratassem do problema do frequente roubo de lenha. Esse tipo de delito era consequência do empobrecimento das classes subalternas e foi elevado ao enquadramento de furto qualificado pelo governo renano, o que levou a punições extremamente duras e se aproximou da perspectiva de criminalização da pobreza.

De acordo com a lógica hegeliana na qual Marx havia sido educado, o Estado era um mecanismo do avanço da razão e da liberdade humana. Nesse sentido, a existência de leis que privilegiavam os interesses particulares dos ricos e usurpavam direitos tradicionais dos camponeses era contraditória. Isso fez com que Marx, pela primeira vez, identificasse a necessidade de investigar para além das relações jurídicas em si, buscando entender as condições materiais de existência que estariam inseridas não no Estado, mas na sociedade civil.

Qual foi a resposta dada pelo jovem Marx a essa necessidade? A execução de um estudo aprofundado e crítico, que ocupou quase 40 cadernos manuscritos, sobre as concepções hegelianas de Estado e direito, publicando, em 1843, nos *Anais Franco-Alemães,* a "Introdução à crítica da filosofia do direito de Hegel". Nesse texto já era possível constatar alguns dos elementos que seriam os fundamentos da perspectiva marxiana.

A primeira questão a ser destacada é o papel da prática na mudança social, estimulado pela atividade política desempenhada por Marx e outros intelectuais e operários no século XIX. No texto aparece a famosa fórmula segundo a qual as armas da crítica não poderiam substituir a crítica das armas, demonstrando claramente a necessidade da ação na mudança do mundo.

O objetivo exposto na "Introdução à crítica da filosofia do direito de Hegel" já era a revolução social, cujo exemplo havia sido a Revolução Francesa, que causara tanta admiração em Hegel. Marx já identificava nas bases materiais a chave da revolução. Um povo só se revoltaria na medida em que isso fosse preciso para realizar suas necessidades. Assim, o grupo responsável pela revolução seria aquele cujos objetivos representassem não o interesse de uma classe particular, mas o benefício da sociedade em geral, por meio do aumento da igualdade e – numa perspectiva hegeliana – da liberdade e da razão. Textualmente, o sujeito desse processo revolucionário na Alemanha era identificado ao proletariado:

> Onde existe então, na Alemanha, a possibilidade positiva de emancipação?
>
> **Eis nossa resposta:** *Na formação de uma classe que tenha* **cadeias radicais***, de uma classe na sociedade civil [...] que possua caráter universal porque seus sofrimentos são universais [...]; que não pode emancipar-se a si mesma nem se emancipar de todas as outras esferas da sociedade sem emancipá-las a todas – o que é, em suma, a* **perda total** *da humanidade, portanto, só pode redimir-se a si mesma por uma* **redenção total** *do homem. A dissolução da sociedade, como classe particular, é o* **proletariado***.*

> *Na Alemanha, o proletariado está apenas começando a se formar, como resultado do movimento **industrial**; pois o que constitui o proletariado não é a pobreza **naturalmente existente**, mas a pobreza **produzida artificialmente**, não é a massa do povo mecanicamente oprimida pelo peso da sociedade, mas a massa que provém da **desintegração aguda** da sociedade [...]. Assim como a filosofia encontra as armas **materiais** no proletariado, assim o proletariado tem as suas armas **intelectuais** na filosofia.* (Marx, 2005, p. 155-156, grifo do original)

Algumas das concepções marxianas sobre a história encontram-se prematuramente demonstradas nesse trecho. A necessidade de uma materialidade que encontra sua forma na ação do proletariado já aponta uma ideia de mudança histórica que depende dos homens e das mulheres. Segundo Marx (2005, p. 146-147, grifo do original),

> *a **tarefa da história**, depois que o **outro mundo da verdade** se desvaneceu, é estabelecer a **verdade deste mundo**. A **tarefa** imediata da **filosofia**, que está a serviço da história, é desmascarar a autoalienação humana nas suas **formas não sagradas**, agora que ela foi desmascarada na sua **forma sagrada**. [...]*
>
> *Uma escola que justifica a infâmia de hoje pela de ontem, que considera todo o grito do servo de baixo do látego como grito de rebelião desde que o látego se tornou venerável pela idade, ancestral e histórico, uma escola para a qual história só mostra o seu a posteriori, como o Deus de Israel fez com o seu servo Moisés – a **Escola histórica do direito** – poderia supor-se que ela inventou a história alemã, se não **fosse** realmente **uma** invenção da história alemã.*

A história teria, portanto, uma vocação crítica, capaz de desmascarar as interpretações equivocadas sobre o desenvolvimento humano, como aquela que atribuía às divindades a responsabilidade pelo nosso destino. Marx demonstrou também o confronto com a leitura da Escola Histórica do Direito, representada principalmente por Friedrich Carl von Savigny e próxima das perspectivas do historicismo alemão. Nesse sentido, buscou evidenciar que a criação de uma análise histórica com pretensão científica não era a invenção da história, mas, pelo contrário, um fruto da própria realidade material da sociedade.

Diferentemente da concepção liberal harmoniosa de sociedade baseada no pacto social, a visão marxista expressa um conflito entre classes com interesses antagônicos. Mas o que definiria essas classes? A definição das classes partiria da análise das condições materiais de produção e de reprodução da sociedade e, portanto, do que ele chamou no trecho citado de *movimento industrial*.

Na "Introdução à crítica da filosofia do direito de Hegel", Marx não apenas atacou o governo alemão, como criticou ferozmente a pobreza criada "artificialmente" no povo por meio da desintegração causada pelo capitalismo. A superação desse estado de coisas viria com um processo revolucionário orientado pela filosofia alemã (a concepção de mundo mais avançada), mas materializado na ação do proletariado, o sujeito da mudança social revolucionária.

Podemos perceber nesse momento uma visão de desenvolvimento histórico que ainda era muito influenciada pelas dinâmicas da filosofia da história hegeliana, na qual havia um sentido claro, racional e progressivo na linha da história. Ao mesmo tempo que mantinha uma proximidade com uma concepção filosófica de história derivada do hegelianismo, Marx – sob a influência do movimento organizado dos trabalhadores europeus e de seu próprio engajamento político – afastava-se da tradição filosófica de seu tempo ao desenvolver os princípios da filosofia da práxis que o diferenciaria de outros hegelianos de esquerda.

Fábio Frizzo

No mesmo volume dos *Anais Franco-Alemães*, Engels publicou "Esboço da crítica da economia nacional", no qual partiu de pressupostos distintos de Marx e sua herança hegeliana para chegar a conclusões muito próximas daquelas de seu amigo. Esse texto e as conversas com Engels foram fundamentais para estimular Marx a apontar seus estudos na direção da tradição da economia política.

Tanto a influência de Engels quanto o contato com outros autores revolucionários, como Pierre-Joseph Proudhon e Mikhail Bakunin, levaram Marx a se dedicar à análise mais profunda da economia. Seus cadernos de estudos foram publicados apenas em 1932 e ficaram conhecidos como *Manuscritos econômico-filosóficos* ou *Manuscritos de Paris*.

Dialogando criticamente com autores como Adam Smith e David Ricardo, Marx avançou em sua crítica ao idealismo hegeliano por meio da complexificação de sua proposta materialista e identificando a alienação humana no processo econômico. A história humana seria marcada por distintas formas de produção e diferentes formas de trabalho. O trabalho aparece como o conceito elementar de mediação entre as esferas humana e natural, recebendo papel essencial na formação do ser social. A economia é, portanto, composta pelos produtos do trabalho, as objetificações do esforço humano. Nesse sentido, a propriedade privada surge em conjunto com o estranhamento ou a alienação do trabalho.

A primeira forma apresentada por Marx de alienação humana é a alienação religiosa, na qual os homens e mulheres atribuem às divindades o fruto dos próprios trabalhos.

Se minha própria atividade não me pertence, é uma atividade estranha, forçada, a quem ela pertence, então?

*A **outro** ser que não eu.*

Quem é este ser?

*Os **deuses**? Evidentemente nas primeiras épocas a produção principal, como por exemplo a construção de templos etc., no Egito, na Índia, México, aparece tanto a serviço de deuses, como também o produto pertencente a eles. Sozinhos, porém, os deuses nunca foram os senhores do trabalho. [...] se a propriedade privada aparece como fundamento, como razão do trabalho exteriorizado, ela é antes uma consequência do mesmo, assim como também os deuses são, **originalmente**, não a causa, mas o efeito do erro do entendimento humano.* (Marx, 2004, p. 86-88, grifo do original)

Assim como nos *Manuscritos econômico-filosóficos*, Marx começa a trabalhar com os conceitos que seriam fundamentais em sua crítica da economia política (trabalho, alienação, mercadoria, salário etc.); também já é possível delinear nessa obra um laboratório do Marx historiador, que busca nas experiências de diversos povos do passado as estruturas para a comprovação de seus argumentos. Nesse processo, o autor mobilizou desde as civilizações da Antiguidade até seu próprio contexto político.

Outros fundamentos da perspectiva histórica marxiana também são apresentados nos *Manuscritos*, como a valorização extrema do processo real pelo qual homens e mulheres constroem a própria história, além do princípio fundamental do indivíduo como ser social e da sociedade como produção humana. A conclusão desse tipo de raciocínio é a radical historicidade da natureza e, consequentemente, até da biologia humana.

*o caráter **social** é o caráter universal de todo o movimento; **assim como** a sociedade mesma produz o **homem** enquanto **homem**, assim ela é **produzida** por meio dele. [...] Portanto, a **sociedade** é a unidade essencial completada [...] do homem com a natureza, a verdadeira ressurreição da* *natureza, o naturalismo realizado do homem e o humanismo da natureza levado a efeito. [...] Acima de tudo é preciso evitar fixar mais uma vez a "sociedade" como abstração frente ao indivíduo. O indivíduo é o **ser social**.*

[...]

*Compreende-se que o olho **humano** frui de forma diversa da que o olho rude, não humano; o **ouvido** humano diferentemente da do ouvido rude etc.*

*Nós vimos. O homem só não se perde em seu objeto se este lhe vem a ser como objeto **humano** ou homem objetivo. Isto só é possível na medida em que ele vem a ser objeto **social** para ele, em que ele próprio se torna ser social [...], assim como a sociedade se torna ser [...] para ele neste objeto.*

[...]

*A **formação** dos cinco sentidos é um trabalho de toda a história do mundo até aqui. O **sentido** constrangido à carência prática rude também tem apenas um sentido **tacanho**. Para o homem faminto não existe a forma humana da comida, mas somente a sua existência abstrata como alimento; poderia ela justamente existir muito bem na forma mais rudimentar, e não há como dizer em que esta atividade de se alimentar se distingue da atividade **animal** de alimentar-se. O homem carente, cheio de preocupações, não tem nenhum **sentido** para o mais belo espetáculo; o comerciante de minerais vê apenas o valor mercantil, mas não a beleza e a natureza peculiar do mineral; ele não tem sentido mineralógico algum; portanto, a objetivação da essência humana, tanto do ponto de vista teórico quanto prático, é necessária para fazer **humanos** os **sentidos** do homem quanto para criar **sentido humano** correspondente à riqueza inteira do ser humano e natural.* (Marx, 2004, p. 106-111, grifo do orginal)

Nos dez dias que Engels passou com Marx em Paris antes de retornar da Inglaterra para a Alemanha, os dois avançaram consideravelmente nas discussões sobre a filosofia hegeliana e planejaram juntos um trabalho de crítica ao grupo dos jovens discípulos de Hegel. A pedido do governo prussiano, em 1845, Marx foi expulso da França por suas posições políticas, mudando-se para Bruxelas. Nesse período, o trabalho planejado com Engels no ano anterior ganhou uma forma, com o título irônico de *Sagrada família*. A dupla começou a escrever uma nova obra conjunta sobre a crítica da forma tradicional da filosofia e da história desenvolvidas na Alemanha.

Segundo Engels, 1845 foi o ano em que Marx deu um caráter sistêmico às suas críticas à perspectiva tradicional de análise histórica. Isso ficou expresso nas chamadas *Teses contra Feuerbach*. Nesse conjunto de 11 afirmações sucintas, o filósofo alemão acabou expressando um dos principais problemas notados por ele tanto na interpretação da filosofia alemã quanto na economia política tradicional e na historiografia de seu tempo: a separação entre ideal e material, entre pensamento e prática.

> 3. *A doutrina materialista de que os homens são produto das circunstâncias e da educação, de que homens modificados são, portanto, produtos de outras circunstâncias e de uma educação modificada, esquece que as circunstâncias são modificadas precisamente pelos homens e que o próprio educador tem de ser educado. [...] A coincidência entre a alteração das circunstâncias e a atividade humana só pode ser apreendida e racionalmente entendida como* **prática revolucionária**.
>
> [...]

Fábio Frizzo

*7. Feuerbach não vê, por isso, que o "sentimento religioso" é, ele mesmo, um **produto social**, e que o indivíduo abstrato que ele analisa pertence, na realidade, a uma determinada forma de sociedade.*

*8. A vida social é essencialmente **prática**. Todos os mistérios que induzem à teoria e ao misticismo encontram sua solução racional na prática humana e na compreensão dessa prática.*

[...]

*11. Os filósofos apenas **interpretaram** o mundo de diferentes maneiras; porém, o que importa é **transformá-lo**.* (Marx; Engels, 2007, p. 537-539, grifo do original)

A unificação dialética entre teoria e prática tem um fundamento radicalmente historicizante, pois enquadra as interpretações filosóficas e científicas do mundo como produtos históricos, bem como identifica os intelectuais como agentes nesse processo. O conceito de *agência* é importante para entender o significado da proposta marxiana, porque conduz à prática, responsabilizando os indivíduos por suas ações na realidade, por suas posições perante as diferentes visões de mundo em disputa. Dessa maneira, a filosofia, assim como o discurso religioso que a metaforiza, deixa de pairar sobre a sociedade e passa a ser vista como inserida no jogo conflituoso de disputas que marcam a dinâmica social.

O conjunto de propostas de Marx parece simples ao identificar nos intelectuais agentes históricos, mas foi profundamente revolucionário em seu tempo. A décima primeira tese, que aparece como um chamado à ação social e revolucionária, unindo dialeticamente teoria e prática, é tão fundamental para a visão marxiana da realidade que foi escolhida para estampar o túmulo de seu autor.

A radical historicidade do pensamento elaborado pela filosofia de Marx é sua maior contribuição ao pensamento histórico contemporâneo. Ao se situar (e o seu trabalho) como fruto de uma realidade social específica e, ao mesmo tempo, atuante nela, o filósofo alemão deu a chave interpretativa para qualquer realidade histórica: é o contexto social que determina as ações humanas e as visões de mundo. As representações da sociedade estão indissociavelmente conectadas ao local em que estão posicionadas na dinâmica da reprodução social e de seus conflitos intrínsecos.

A concepção marxiana da história ganhou um corpo mais ou menos homogêneo entre o verão de 1845 e o outono de 1846, quando Marx e Engels escreveram *A ideologia alemã*, um manuscrito inacabado que, por falta de um editor escolhido pelos autores, só seria publicado postumamente, em 1932. Nessa obra, fica expresso o método marxista para a análise histórica, que ficou conhecido como **materialismo histórico**.

(5.3)
A CONCEPÇÃO MATERIALISTA DA HISTÓRIA

Como visto anteriormente, o século XIX foi marcado pela institucionalização da história e pela elaboração, notadamente na Alemanha, de um método reconhecido como a forma correta de trabalho para historiadores e historiadoras. A história acadêmica, bem representada por Leopold von Ranke, apontou a necessidade da valorização do trabalho extensivo com as fontes, mas a busca pela objetividade acabou restringindo o campo de atuação a uma análise factual de determinados tipos de evidências, sempre escritas.

Ao identificar seu foco na análise dos eventos entendidos como políticos, com base na documentação escrita, a história deu a certos fenômenos uma validade e relegou à margem outros, ligados a diferentes âmbitos da vida social. Eric Hobsbawm (1998, p. 156) afirmou que essa ênfase era a demonstração de uma inocência filosófica e metodológica dos historiadores acadêmicos:

> Na maior parte dos casos, eram apenas homens que, assim como aceitavam um dado tema (tal como a história político-militar-diplomática) e uma dada área geográfica (a Europa ocidental e central, por exemplo) como a mais importante, também aceitavam, entre outras idées reçues, as do pensamento científico popularizado de que, por exemplo, as hipóteses brotam automaticamente do estudo dos "fatos", a explicação consiste de um conjunto de cadeias de causa e efeito, ou os conceitos de determinismo, evolução e assim por diante. Supunham que, tal como a erudição científica podia estabelecer o texto e sucessão definitivos dos documentos que publicavam em séries de volumes sofisticadas e valiosíssimas, ela também poderia estabelecer a verdade exata da história.

Nesse contexto, o historiador britânico demonstrou que o principal ímpeto para a transformação da história não veio dos historiadores acadêmicos, mas das ciências sociais historicamente orientadas. Aqui se localiza principalmente a contribuição de Marx. A visão marxiana do desenvolvimento histórico teve o mérito de aproximar a história e as ciências sociais. A crítica de Marx e Engels aos historiadores de seu tempo foi sintetizada da seguinte maneira:

> Toda concepção histórica existente até então ou tem deixado completamente desconsiderada essa base real da história, ou a tem considerado apenas como algo acessório, fora de toda e qualquer conexão com o fluxo histórico. A história deve, por isso, ser sempre escrita segundo um padrão situado fora dela; a produção real da vida aparece como algo pré-histórico, enquanto o elemento histórico aparece como algo separado

*da vida comum como algo extra e supraterreno. Com isso, a relação dos homens com a natureza é excluída da história, o que engendra a oposição entre natureza e história. Daí que tal concepção veja na história apenas ações políticas dos príncipes e dos Estados, lutas religiosas e simplesmente teoréticas e, especialmente, que ela tenha de **compartilhar**, em cada época histórica, da **ilusão dessa época**. Por exemplo, se uma época se imagina determinada por motivos puramente "políticos" ou "religiosos", embora "religião" e "política" sejam tão somente formas de seus motivos reais, então o historiador dessa época aceita essa opinião. A "imaginação", a "representação" desses homens determinados sobre a sua práxis real é transformada na única força determinante e ativa que domina e determina a prática desses homens. Quando a forma rudimentar em que a divisão do trabalho se apresenta entre os hindus e entre os egípcios provoca nesses povos o surgimento de um sistema de castas próprio de seu Estado e de sua religião, então o historiador crê que o sistema de castas é a força que criou essa forma social rudimentar.* (Marx; Engels, 2007, p. 43-44, grifo do original)

A influência do materialismo filosófico e da economia política havia levado Marx e Engels à compreensão de que a história não poderia ser apenas representada por intermédio de motivos políticos, militares ou diplomáticos, pois dessa maneira abandonaria a relação primordial entre homem e natureza, mediada pelo trabalho. Isso apareceu na definição de uma história situada fora da história, o que também aponta para a necessidade de compreender as relações subjacentes às fontes ("algo pré-histórico") mais do que aquilo que está descrito nelas ("elemento histórico").

Partir dessa concepção materialista da história evidencia a fragilidade do método historicista na elaboração das representações sobre o passado, porque se mantém excessivamente preso ao que as fontes dizem textualmente, e não ao que elas demonstram. Isso era agravado pelo fato de que a própria seleção das fontes consideradas como corretas para elaborar relatos historiográficos era determinada pelo interesse subjacente dos historiadores (a afirmação do Estado nacional e suas instituições).

Dessa maneira, o método baseado na erudição, proposto pelo historicismo e adotado como institucional academicamente, restringia-se a reproduzir o discurso da própria fonte ou, em outras palavras, compartilhava, "em cada época histórica, da **ilusão desta época**" (Marx; Engels, 2007, p. 43, grifo do original).

Marx e Engels compreenderam que a documentação expressava uma representação da realidade e que tal realidade só poderia ser alcançada por meio da focalização mais ampla nas relações sociais ("práxis real"), em especial as relações fundamentais relativas às formas de interação entre humanidade e natureza, mediadas pelo trabalho. Um exemplo disso é a afirmação de que a compreensão que os egípcios ou hindus tinham de sua realidade social era determinada pelas possibilidades de sua visão de mundo (no caso, uma explicação mediante lógicas religiosas). Não caberia aos historiadores reproduzir isso, mas explicar essas relações por meio das possibilidades garantidas pela visão de mundo científica e, consequentemente, apontar as relações sociais fundamentais subjacentes.

Toda a crítica relativa à conexão entre realidade e sua representação na documentação é metaforizada de maneira muito simples pelos autores:

> Enquanto na vida comum qualquer shopkeeper *[lojista]* sabe muito bem a diferença entre o que alguém faz de conta que é e aquilo que ele realmente é, nossa historiografia ainda não atingiu esse conhecimento trivial. Toma

cada época por sua palavra, acreditando naquilo que ela diz e imagina sobre si mesma. (Marx; Engels, 2007, p. 50)

O problema de repetir acriticamente as representações presentes na documentação agrava-se consideravelmente se inserimos esses questionamentos no seio de uma sociedade marcada pelo conflito de interesses entre grupos antagônicos. Partindo-se do princípio de que a grande maioria das fontes escritas (especialmente as "oficiais", tidas pelos historicistas como as ideais para análise) é fruto da elaboração do grupo social dominante, é possível entender que seu discurso representa apenas a hegemonia da visão de mundo dominante e, consequentemente, reifica essa dominação.

Qual era então o método proposto pelo materialismo histórico para o estudo do passado humano? Marx e Engels (2007, p. 42-43) responderam a essa indagação da seguinte forma:

Essa concepção da história consiste, portanto, em desenvolver o processo real de produção a partir da produção material da vida imediata e em conceber a forma de intercâmbio conectada a esse modo de produção e por ele engendrada, quer dizer, a sociedade civil em seus diferentes estágios, como o fundamento de toda a história, tanto a apresentando em sua ação como Estado como explicando a partir dela o conjunto das diferentes criações teóricas e formas da consciência – religião, filosofia, moral etc. etc. – e em seguir o seu processo de nascimento a partir dessas criações, o que então torna possível, naturalmente, que a coisa seja apresentada em sua totalidade (assim como a ação recíproca entre esses diferentes aspectos). Ela não tem necessidade, como na concepção idealista da história, de procurar uma categoria em cada período, mas sim de permanecer constantemente sobre o solo da história real; não de explicar a práxis partindo da ideia, mas de explicar as formações ideais a partir da práxis material e chegar, com isso, ao resultado de que todas as formas e [todos os] produtos da consciência não podem ser dissolvidos por obra da crítica espiritual, por sua dissolução na "autoconsciência" ou sua transformação em "fantasma", "espectro", "visões" etc., mas apenas pela demolição prática das relações sociais reais [...] de onde provêm essas enganações idealistas; não é a crítica, mas a revolução a força motriz da história e também da religião, da filosofia e de toda forma de teoria. Essa concepção mostra que a história não termina por dissolver-se, como "espírito do espírito", na "autoconsciência", mas que em cada um dos seus estágios encontra-se um resultado material, uma soma de forças de produção, uma relação historicamente estabelecida com a natureza e que os indivíduos estabelecem uns com os outros; relação que cada geração recebe da geração passada [...].

A análise histórica deve se concentrar na compreensão das relações sociais subjacentes ao que está expresso na documentação. Marx e Engels nomeiam essas relações como **processo material de produção**. Por conta de uma série de determinações históricas na interpretação da obra original dos fundadores do marxismo, essa ideia de processo material de produção foi por muito tempo associada única e imediatamente às estruturas econômicas no sentido dado pela própria ciência econômica vulgar. O significado original, todavia, é mais abstrato e tem sua origem nas relações entre ser humano e natureza. Em outras palavras, corresponde ao conjunto de interações sociais ligadas à relação entre humanidade e natureza – mediada pelo trabalho – e suas diferentes formas históricas de organização. Isso, em outras palavras, é a **práxis material**.

As distintas organizações sociais das mais variadas civilizações na história estão ligadas a formas diferentes de se relacionar com o processo de produção material, e cada uma dessas formas é representada pela própria sociedade de maneira diferente. Em outras palavras, enquanto a sociedade medieval explicava o desenvolvimento histórico por meio da providência divina, a Europa do século XIX escolheu representar as ações humanas no tempo hegemonicamente mediante o véu das atitudes relacionadas ao Estado-nação. Isso mostra claramente o papel social do trabalho dos historiadores e historiadoras dos Oitocentos na construção da visão de mundo da classe dominante de sua época. Consequentemente, enquadra historiadores e filósofos como agentes históricos de seu tempo, posição que, muitas vezes, era negligenciada.

Cada sociedade em determinado período histórico, marcada por uma dada organização da produção material, gera uma representação ou "forma de consciência" específica sobre si mesma, e isso se reflete na documentação que produz. Ao reproduzirem essa representação da sociedade sobre si mesma, os historiadores e historiadoras não descem ao "solo da história real", às formas de organização da relação entre ser humano e natureza. Esse tipo de lógica historiográfica é classificada por Marx e Engels (2007, p. 42) como "concepção idealista da história" em oposição à leitura materialista. Nesse sentido, a historiografia institucional do século XIX seria idealista porque estava interessada apenas nas representações políticas, assim como a historiografia medieval orientava seu interesse tão somente para a perspectiva religiosa e teológica.

A concepção materialista da história demonstra uma preocupação em historicizar a própria produção historiográfica, ou seja, localizar o contexto social do conhecimento produzido sobre o passado; evidenciar o lugar de fala dos historiadores e historiadoras que o produzem; indicar os interesses que eles e elas defendem no conflito entre grupos antagônicos da sociedade etc. Tal perspectiva relaciona-se diretamente com a proposta marxiana de defender a necessidade do engajamento dos filósofos e dos historiadores na mudança de sua realidade social. Dessa maneira, valoriza-se a agência humana e revolucionária na história. Historiadores e historiadoras deixam de pairar sob a história e passam a estar inseridos nela ao lado das massas compostas por toda sorte de homens e mulheres.

Assim, estabelece-se o sentido da expressão **revolução como força motriz**, que deve ser interpretada na chave da agência humana como elemento central na mudança histórica, leitura que à época era radical, pois igualava intelectuais e operários manuais, governantes e governados no palco da realidade histórica. Ademais, compunha uma visão ética que apontava para o compromisso de filósofos e historiadores na construção de um mundo pautado por um processo real de produção mais igualitário.

A agência humana, todavia, não se dá de maneira indeterminada, sem quaisquer balizas. Os próprios autores reconheceram isso quando afirmaram que cada geração recebe suas formas de relacionamento social (entre si e com a natureza) das gerações passadas. Oito anos depois, Marx expressaria isso numa célebre citação: "Os homens fazem a sua própria história; contudo, não a fazem de livre e espontânea vontade, pois não são eles que escolhem as circunstâncias sob as quais ela é feita [...]. A tradição de todas as gerações passadas é como um pesadelo que comprime o cérebro dos vivos" (Marx, 2011c, p. 25).

Tal compressão cerebral é, metaforicamente, o que garante que os indivíduos de determinada época só consigam expressar sua realidade por meio das formas de consciência vigentes na própria época. Num exemplo posterior, Marx (2013, p. 135-136) afirma que, independentemente de sua genialidade, Aristóteles não poderia compreender o trabalho em seu significado real de relação entre os seres humanos e a natureza porque sua sociedade não percebia o trabalho como algo referente a todos os seres humanos, associando-o de maneiras específicas à parte escravizada dessa sociedade.

A obra *A ideologia alemã* não é apenas o trabalho no qual pela primeira vez Marx e Engels apresentam seu método de análise de forma organizada; ali também são demonstradas as principais ferramentas teóricas utilizadas e aperfeiçoadas até o fim da vida dos autores. Para a compreensão do processo real de produção, foi desenvolvido um dos conceitos estruturantes do marxismo: o **modo de produção**.

> *A produção da vida, tanto da própria, no trabalho, quanto da alheia, na procriação, aparece desde já como uma relação dupla – de um lado, como relação natural, de outro como relação social –, social no sentido de que por ela se entende a cooperação de vários indivíduos, sejam quais forem as condições, o modo e a finalidade. Segue-se daí que um determinado modo de produção ou uma determinada fase industrial estão sempre ligados a um determinado modo de cooperação ou a uma determinada fase social – modo de cooperação que é, ele próprio, uma "força produtiva" –, que a soma das forças produtivas acessíveis ao homem condiciona o estado social e que, portanto, a "história da humanidade" deve ser estudada e elaborada sempre em conexão com a história da indústria e das trocas.*
> (Marx; Engels, 2007, p. 34)

Novamente Marx e Engels demonstram sua historicidade radical ao afirmar que toda relação de trabalho e de procriação (mais tarde compreendidas, respectivamente, pelos conceitos de trabalho produtivo e reprodutivo) é social. Isso não se refere apenas, como explicado por eles textualmente, ao caráter coletivo desses processos, mas também ao fato de que eles se dão de formas distintas nas diferentes sociedades através do tempo e do espaço.

Ao mudarem historicamente, as formas sociais de nos relacionarmos com a natureza, por meio de nossa produção e reprodução, dão origens a diferentes modos de produção, marcados tanto pelos determinantes fisicamente concretos (forças produtivas) quanto pelas relações humanas relacionadas ao processo social (relações de produção). Nesse ponto, percebe-se claramente a influência que a Escola Escocesa de economia política exerceu sobre a concepção marxiana. Ao se referirem a diferentes "fases" (ou estágios) sociais, Marx e Engels incorporam parte do aparato conceitual desenvolvido pelos autores escoceses, algo reiterado na exposição das etapas do desenvolvimento histórico presentes na própria obra *A ideologia alemã*.

Cabe ressaltar, para precisar a compreensão do último trecho citado, que o uso da palavra *indústria* não está ligado ao seu significado mais usual atualmente, ou seja, o de "fábrica". Ao mencionarem uma "história da indústria", os autores se referem à análise das diferentes formas históricas do processo real de produção.

Outro elemento a ser destacado é a afirmação de que o "estado social" de determinada civilização é condicionado pelas forças produtivas acessíveis em dado contexto histórico. Isso significa apenas que as possibilidades oferecidas em cada momento da história a determinado sujeito social são condicionadas pela maneira como aquela sociedade se relaciona com a natureza e o trabalho, como organiza sua produção e reprodução. Colocando-se isso de uma maneira muito simples e tautológica, uma sociedade só age de acordo com as possibilidades oferecidas a ela em dado momento histórico. Logo, ao contrário do que afirma o senso comum, por exemplo, não há homens ou mulheres à frente de seu tempo.

Josep Fontana (2004) assevera que *A ideologia alemã* é a obra de Marx e Engels que mais contém elementos de reflexão metodológica sobre a história. O historiador catalão identifica as quatro grandes influências que orientaram o trabalho dos autores: 1) a filosofia alemã; 2) a ideia de determinação da mudança social por meio do progresso econômico, derivada da Escola Escocesa; 3) o trabalho de historiadores franceses como Augustin Thierry e François Guizot, que apontaram a luta de classes como elemento decisivo para explicar a mudança em conjunto com a evolução das formas de subsistência; e 4) o estudo das consequências sociais da industrialização desenvolvido pelo britânico John Wade (Fontana, 2004, p. 202-203).

Visando à comprovação dos princípios de seu método de análise histórica, Marx e Engels demonstraram largo conhecimento acerca dos estudos mais atualizados dos mais distintos objetos históricos. A validade do materialismo histórico foi apresentada, em *A ideologia alemã*, por meio de uma análise histórico-antropológica de toda a trajetória humana, das sociedades tribais ao capitalismo e o mercado mundial, presentes no século XIX, passando pela Antiguidade clássica e oriental e pela Idade Média. Embora não estivessem escrevendo um trabalho propriamente historiográfico, segundo os padrões da época, os autores fizeram uma análise de fôlego da tradição da historiografia ocidental, demonstrando sua considerável erudição.

Em 1848, Marx foi expulso de Bruxelas e mudou-se para a região de Colônia, onde fundou com Engels a *Nova Gazeta Renana*. O comprometimento político com a transformação revolucionária da sociedade e com o papel da classe trabalhadora como sujeito dessa mudança levou os dois a assumirem o papel militante de elaborar o manifesto encomendado pela Liga Comunista em seu primeiro congresso, no ano de 1847.

No mesmo ano da mudança para Colônia, Marx e Engels publicaram, em Londres, o *Manifesto Comunista*. Este é, com certeza, o texto mais lido dos autores, cujo objetivo era estritamente político e popular, voltado para informar trabalhadores e trabalhadoras. Logo, não continha grandes elaborações acerca do método de análise histórica, embora ali estivesse presente um exemplo concreto de análise de como o capitalismo e a industrialização haviam levado, no decorrer dos últimos séculos, à separação da sociedade em duas classes com interesses antagônicos: a burguesia e o proletariado.

Ainda que o objetivo não fosse a demonstração do método, o *Manifesto* possivelmente contém as poucas linhas citadas mais frequentemente para fazer referência à concepção histórica marxista – em geral por indivíduos que pouco ou nada conhecem da obra de seus fundadores.

> *A história de todas as sociedades até hoje existentes é a história das lutas de classes. [...]*
>
> *Nas mais remotas épocas da História, verificamos, quase por toda parte, uma completa estruturação da sociedade em classes distintas, uma múltipla gradação das posições sociais. Na Roma antiga encontramos patrícios, cavaleiros, plebeus, escravos; na Idade Média, senhores, vassalos, mestres das corporações, aprendizes, companheiros, servos; e, em cada uma destas classes, outras gradações particulares.* (Marx; Engels, 1998, p. 40)

A simplicidade do trecho levou a interpretações tacanhas das concepções marxianas acerca do desenvolvimento histórico, como a definição simplista da luta de classes como motor da história. Segundo esse tipo de percepção, a lógica vista por Marx no desenvolvimento humano seria muito mais próxima de uma filosofia da história. Uma análise mais aprofundada do pensamento marxiano demonstra, como veremos, que o autor alemão, pelo contrário, trabalhou com uma concepção extremamente histórica no sentido da análise concreta das determinações de um período dado, algo bastante distante da instituição de categorias apriorísticas de movimentação das sociedades humanas.

Após novos problemas com as autoridades locais, Marx foi convidado, em 1849, a abandonar o país, e a *Nova Gazeta Renana* foi extinta. Como sua principal fonte de renda até então haviam sido suas contribuições para jornais, a família Marx entrou em uma situação de grave crise financeira, chegando a vender os móveis para pagar dívidas. Com o auxílio de uma campanha de arrecadação de fundos, o autor mudou-se para Londres com as duas filhas e a esposa grávida.

O fracasso das revoluções europeias de 1848 levou a reflexões acerca das possibilidades revolucionárias naquele cenário. Isso fez com que Engels resolvesse escrever, em 1850, um livro de análise histórica, fazendo um paralelo entre as revoltas camponesas alemãs do século XVI (consideradas uma revolução fracassada) e a derrota das lutas atuais em seu país. Em *As guerras camponesas na Alemanha*, traçou um relato historiográfico pormenorizado do contexto alemão do início da Idade Moderna. A qualidade de seu trabalho não foi, todavia, a pesquisa histórica; ele próprio assumiu, no prefácio à segunda edição alemã, que não pretendia que a obra fosse um material novo, fruto de suas próprias investigações. O relato baseava-se na análise historiográfica feita por Wilhelm Zimmermann, que Engels considerava o mais completo autor sobre o tema e alguém que havia feito um trabalho muito diferente da escola histórica alemã daqueles tempos.

Qual era, então, a intenção do autor ao escrever *As guerras camponesas na Alemanha*? Ele mesmo anunciou no referido prefácio:

> *Na minha exposição, na qual me limito a descrever a traços largos o curso histórico da luta, procuro explicar a origem da guerra camponesa, a posição ocupada pelos diferentes partidos que nela intervêm, as teorias políticas e religiosas com que esses partidos procuravam explicar a si mesmos a sua posição e, finalmente, o próprio desenlace da luta como uma consequência necessária das condições históricas da vida social dessas classes naquela época. Por outras palavras, procuro demonstrar que o regime político da Alemanha, as sublevações contra esse regime e as teorias políticas e*

> *religiosas da época não eram a causa, mas sim a consequência do grau de desenvolvimento em que se encontravam então, na Alemanha, a agricultura, a indústria, as vias de comunicação terrestres, fluviais e marítimas, o comércio e a circulação de dinheiro. Essa concepção da história – a única concepção materialista – não foi criada por mim, antes pertencendo a Marx e constituindo a base de seus trabalhos sobre a revolução francesa de 1848-49 [...] e de 18 Brumário de Luís Bonaparte.*
>
> *O paralelo entre a revolução alemã de 1525 e a revolução de 1848-49 saltava demasiado à vista para que eu pudesse renunciar completamente a ele.* (Engels, 2008, p. 40)

Engels mostrou claramente os elementos que o diferenciavam da maneira hegemônica utilizada pela historiografia de seu tempo. Distante de uma descrição pormenorizada dos acontecimentos, a análise materialista busca explicá-los por meio de sua conexão com aquilo que Marx chamou de *processo real de produção*. Nesse sentido, em vez de analisar o período aceitando o discurso de razões políticas ou religiosas estabelecido pelas fontes, era necessário identificar suas raízes no conflito das classes sociais, determinadas por sua posição na produção.

Outra questão fundamental confirmada pelo trabalho de Engels sobre as guerras camponesas foi o uso político do passado. Ele e Marx, orientados pela ideia da práxis social, entendiam bem o papel dos intelectuais na construção de uma visão de mundo. Nesse sentido, faziam uma análise do passado fortemente ligada ao seu presente, tendo em vista usar a história como ferramenta de análise e crítica da sociedade em que viviam e que se esforçavam para mudar por meio de um projeto revolucionário de futuro.

Os problemas de falta de recursos não abandonaram Marx, que passou a se dedicar integralmente aos estudos na biblioteca do Museu

Britânico e à organização de sociedades revolucionárias. Em 1851, Engels teve êxito em negócios e passou a auxiliar financeiramente Marx, que também conseguiu um posto como correspondente londrino do jornal estadunidense *New York Daily Tribune* (para o qual o próprio Engels acabou escrevendo vários artigos em seu nome, garantindo tempo livre para o amigo se dedicar às suas pesquisas).

Uma das análises mais profundas da realidade social escritas por Marx data do ano de 1852, quando uma série de artigos sobre a história recente da França foi publicada em Nova Iorque no periódico *Die Revolution* sob o título de *O 18 Brumário de Luís Bonaparte*. Embora seja um trabalho de análise política, a obra é considerada um dos principais exemplos empíricos da análise histórica marxiana e pode ser identificada como uma espécie de tratado de história do tempo presente *avant la lettre*. O próprio Engels chegou a afirmar que era o melhor exemplo de aplicação da concepção materialista da história.

Assim como enunciado em *As guerras camponesas*, de Engels, Marx utilizou seu método para analisar a posição de classe de cada um dos inúmeros atores sociais inseridos no contexto da Revolução de 1848 na França. Um dos pontos importantes de *O 18 Brumário* é a análise do Estado. Diferentemente da historiografia tradicional de seu tempo e da própria herança hegeliana, Marx buscou desconstruir a ideia de Estado, mostrando-o como uma instituição em disputa pelas classes e seus projetos. Dois trechos da obra mostram isso claramente:

> o **interesse material** da burguesia francesa está entretecido da maneira mais íntima possível justamente com a manutenção dessa máquina estatal extensa e muito capilarizada. É nessa máquina que ela abriga o seu excesso populacional e suplementa na forma de vencimentos estatais o que não consegue amealhar na forma de lucros, juros, rendas e honorários. Em contrapartida, o seu **interesse político** obrigou-a a aumentar

diariamente a repressão, ou seja, os recursos e o pessoal do poder estatal, enquanto era forçada a travar simultaneamente uma guerra ininterrupta contra a opinião pública e a desconfiadamente mutilar e paralisar os órgãos autônomos de movimento da sociedade, quando não a amputá-los completamente. Assim sendo, a burguesia francesa foi obrigada por seu enquadramento de classe a, por um lado, destruir as condições de vida de todo e qualquer poder parlamentar, portanto também do seu próprio, e, por outro lado, tornar irresistível o Poder Executivo hostil a ela.

[...]

*E, no entanto, o poder estatal não paira no ar. Bonaparte representa uma classe, mais precisamente, a classe mais numerosa da sociedade francesa: os **camponeses parceleiros** [...].* (Marx, 2011c, p. 77, 142, grifo do original)

Se em *O 18 Brumário* Marx estabeleceu uma análise detalhada da conjuntura histórica francesa, em outros textos buscou expressar de forma mais esquemática sua concepção acerca do desenvolvimento histórico. Após quase uma década se dedicando seis dias por semana e até 10 horas por dia aos estudos de economia política na biblioteca do Museu Britânico, Marx publicou, em 1859, *Para a crítica da economia política*. Um dos textos mais utilizados pelos analistas do pensamento de Marx, sejam seus defensores, sejam seus críticos, para compreender sua visão acerca do desenvolvimento histórico é o prefácio dessa obra.

O resultado geral a que cheguei e que, uma vez obtido, serviu de fio condutor aos meus estudos, pode resumir-se assim: na produção social da sua vida, os homens contraem determinadas relações necessárias e independentes da sua vontade, relações de produção que correspondem a uma determinada fase de desenvolvimento das suas forças produtivas materiais.

O conjunto dessas relações de produção forma a estrutura econômica da sociedade, a base real sob a qual se levanta a superestrutura jurídica e política e à qual correspondem determinadas formas de consciência social. O modo de produção da vida material condiciona o processo da vida social, política e espiritual em geral. Não é a consciência do homem que determina o seu ser, mas, pelo contrário, o seu ser social é que determina a sua consciência. Ao chegar a uma determinada fase de desenvolvimento, as forças produtivas materiais da sociedade se chocam com as relações de produção existentes, ou, o que não é senão a sua expressão jurídica, com as relações de propriedade dentro das quais se desenvolveram até ali. De formas de desenvolvimento das forças produtivas, estas relações se convertem em obstáculos a elas. E se abre assim uma época de revolução social. Ao mudar a base econômica, revoluciona-se, mais ou menos rapidamente, toda a imensa superestrutura erigida sobre ela. Quando se estudam essas revoluções, é preciso distinguir sempre entre as mudanças materiais ocorridas nas condições econômicas de produção e que podem ser apreciadas com a exatidão própria das ciências naturais, e as formas jurídicas, políticas, religiosas, artísticas ou filosóficas, numa palavra, as formas ideológicas em que os homens adquirem consciência desse conflito e lutam para resolvê-lo. E do mesmo modo que não podemos julgar um indivíduo pelo que ele pensa de si mesmo, não podemos tampouco julgar essas épocas de revolução pela sua consciência, mas, pelo contrário, é necessário explicar esta consciência pelas contradições da vida material, pelo conflito existente entre as forças produtivas sociais e as relações de produção. (Marx; Engels, 1977, p. 301-302)

Esse trecho foi usado, por mais de um século, como o pilar das interpretações escolásticas do marxismo e de sua análise da realidade social. Nele, houve uma evidente opção do autor pela simplificação do argumento, com o objetivo tanto de causar impacto quanto de condensar em poucas linhas sua metodologia de análise histórica. O peso que o "Prefácio de 1859" teve na tradição marxista posterior pode ser explicado por meio de diversos fatores. Um dos mais importantes é, sem dúvida, o fato de que outros textos que expunham a metodologia do materialismo histórico só encontraram a luz da difusão pública em meados do século XX, como foi o caso de *A ideologia alemã*, que, como vimos, foi uma das primeiras tentativas de Marx e Engels de dar forma à sua metodologia de análise. Outro fator, como veremos, esteve ligado aos contextos políticos do uso da obra marxista, tanto na Alemanha do século XIX quanto na União Soviética.

Podemos perceber claramente o caráter sintético do texto ao notar que ideias utilizadas anteriormente por Marx foram reaproveitadas, como o caso de que os indivíduos são inseridos em relações de forma independente de sua vontade (expressa antes em *O 18 Brumário*) ou mesmo a lógica de que não se deve julgar uma época por sua consciência de si mesma (presente em *A ideologia alemã* e sua metáfora do lojista que sabe a diferença entre o que uma pessoa é e aquilo que ela diz que é).

A síntese que Marx fez no "Prefácio de 1859" acerca de sua maneira de analisar a história do desenvolvimento humano é problemática em três sentidos. Esses problemas, contudo, não eram relativos ao próprio pensamento do autor, mas à forma que tal pensamento tomou no prefácio. A primeira – e talvez mais problemática – das críticas possíveis diz respeito à **metáfora** que identifica, por um lado, as **relações sociais de produção** a uma base e, por outro, as **questões jurídicas, políticas e ideológicas** a uma superestrutura erguida sobre ela. O mecanicismo de uma metáfora que associa as relações sociais à construção civil já foi excessivamente criticado por marxistas e não marxistas. Um problema correlato é definir as relações sociais de produção como puramente econômicas.

Em trabalhos anteriores, Marx demonstrou um nível maior de complexidade na hora de definir o que era o processo real de produção, conceituando-o como relações sociais ligadas às formas humanas de se relacionar com a natureza pela mediação do trabalho (no seu sentido ontológico, ou seja, a capacidade humana de modificar a natureza e se modificar no processo). Isso é muito mais abstrato do que uma definição como *economia*, já institucionalizada como o estudo da produção, distribuição e consumo das sociedades, de modo mais independente das relações culturais e político-jurídicas.

Se a metáfora base-superestrutura peca ao não definir corretamente o que faz parte de cada um desses estágios, também é ineficaz na representação da relação entre eles. A construção de uma superestrutura só pode ocorrer após o estabelecimento de uma base, envolvendo uma relação temporal de necessidade. Para construir o segundo andar de uma casa, é necessário existir antes um primeiro. A transposição disso para as relações sociais acaba por negar a possibilidade de que a superestrutura interfira na constituição da base, ou seja, que aspectos políticos, jurídicos e ideológicos interfiram sobre as maneiras pelas quais os seres humanos interagem com a natureza.

A metáfora infeliz marxiana acabou sendo mal interpretada pela tradição marxista que lhe sucedeu, gerando uma leitura que pode ser identificada como marxismo vulgar ou mecanicista. Nessa lógica, a economia, que na obra original representava as "relações reais de produção", passou a ser assumida como forças técnicas e tecnológicas. Dito de outra maneira, as relações de produção (as relações dos seres humanos com a natureza no sentido de garantir suas necessidades) seriam determinadas unicamente pelo estágio de desenvolvimento das "forças produtivas materiais", interpretadas como os elementos técnicos e tecnológicos da produção. Esse tipo de interpretação mecanicista foi costumeiramente justificado com uma citação descontextualizada de um texto escrito por Marx mais de uma década antes da publicação do "Prefácio de 1859", no qual ele afirmava que "o moinho movido pelo braço humano nos dá a sociedade com o suserano; o moinho a vapor dá-nos a sociedade com o capitalista industrial" (Marx, 2009, p. 125).

Vários autores e autoras marxistas, como o historiador E. P. Thompson ou a cientista política Ellen M. Wood, foram muito felizes nas críticas feitas à metáfora base-superestrutura. Wood (2003) mostrou como a própria separação da vida em esferas (economia, política, cultura, por exemplo) tem suas raízes na ciência política moderna. Com o estabelecimento da concepção liberal-burguesa de mundo, foi possível garantir uma pretensa democracia jurídico-política sem tocar na desigualdade econômica de acesso aos meios pelos quais os indivíduos se sustentam mediante seu trabalho.

Em vários momentos de sua obra, Thompson (1998) buscou demonstrar como a superestrutura não seria separada e determinada pela base, mas de que modo ela mesma existiria na base, ou seja, como fatores políticos, jurídicos e ideológicos são fundamentos do processo real de produção. Logo, as maneiras de ver o mundo, as diferentes formas culturais, os elementos jurídicos do direito e especialmente a ação política prática fazem parte da forma social por meio da qual nos relacionamos entre nós e com a natureza visando a satisfazer nossas necessidades – elas mesmas determinadas socialmente.

O melhor modo de expor as relações sociais subjacentes ao método materialista histórico foi posto também no "Prefácio de 1859", mas ganhou muito menos atenção. Ao se referir à maneira pela qual se relacionam as formas do "processo real de produção" e suas representações, Marx afirmou de forma muito simples que o "ser social é que determina a sua consciência" (Marx; Engels, 1977, p. 301), e não o oposto. Essa expressão mais abstrata é muito mais precisa do que a metáfora base-superestrutura, pois indica que a realidade é a base das representações feitas pelas consciências humanas, o que é bem diferente de dizer que a economia determina a política e a cultura.

O segundo problema presente no texto do "Prefácio de 1859" é a **automatização mecânica do desenvolvimento histórico-social**. Partindo da interpretação que associa as forças produtivas unicamente à técnica e à tecnologia, podemos entender o trecho em que se afirma o choque entre forças produtivas e relações de produção como o verdadeiro responsável pelo estabelecimento de uma modificação social, independentemente da vontade humana. Expressando isso em termos mais simples, uma vez que determinada forma jurídica de propriedade, por exemplo, impedisse o desenvolvimento da economia, isso resultaria numa mudança nas relações humanas de produzir. Por exemplo: no momento em que as relações feudais começaram a impedir o progresso da produção, a sociedade acabou por modificá-las com as revoluções burguesas.

Esse tipo de interpretação automática e mecanicista do desenvolvimento social teve consequências políticas funestas durante o século XX. O marxismo vulgar (que, como veremos em breve, era a linha oficial da União Soviética) passou a afirmar que o investimento no progresso técnico e tecnológico traria a revolução socialista para o mundo. Isso explica por que, em contextos como o Brasil de meados dos anos de 1900, o Partido Comunista esforçou-se em auxiliar a burguesia em sua luta pelo desenvolvimento da indústria capitalista. Afinal, só a partir de uma realidade industrial é que seriam produzidas as massas proletárias e a condição para a revolução.

A dinâmica do automatismo mecanicista pela qual o progresso das forças produtivas levaria à revolução social também está ligada ao último problema no texto do "Prefácio de 1859": a **inexistência de referências à agência das classes sociais**. Como vimos, desde seus escritos mais iniciais, Marx identificou a classe trabalhadora como sujeito revolucionário. No "Prefácio de 1859", a revolução aparece como resultado de uma oposição entre forças produtivas e relações de produção, independentemente da ação humana e, portanto, dos trabalhadores e trabalhadoras. Em conjunto com os problemas de interpretação apontados, a ausência da agência humana – e das classes sociais – só reforçou as leituras mecanicistas.

Muito longe de ser uma questão referente à visão marxiana sobre a história, essa ausência da ação humana das classes no processo de desenvolvimento social teve um motivo muito mais mundano. No ano de 1859, Marx estava exilado na Inglaterra e vivendo em condições de penúria. A publicação do seu *Para a crítica da economia política* na Alemanha era vista pelo autor como solução tanto para o grave problema financeiro que enfrentava quanto para o objetivo de aumentar sua influência política e intelectual em sua terra natal. Os últimos textos não haviam alcançado muito sucesso na tarefa de dar fama ao autor – e, consequentemente, em sua proposta política revolucionária. Em razão do regime político prussiano, os jornais radicais (entre os quais aqueles em que o próprio Marx trabalhara) foram fechados e havia forte censura, criminalizando não apenas autores, mas também editores e livreiros. Alguns dos títulos escritos e publicados por Marx no exterior até haviam sido capturados nas fronteiras durante tentativas de contrabando para circulação na Alemanha.

Após longos anos buscando editores dispostos a publicar alguma obra em seu país natal, Marx encontrou, por meio de intermediários, alguém para a tarefa. A fim de garantir a publicação, todavia, era imprescindível que a obra não tivesse um objetivo político claro; logo, o assunto da crítica à economia política – a que Marx se dedicara nos últimos anos em Londres – seria perfeito, até por estar entre os tópicos mais recentes nos círculos de discussão europeus. Além disso, havia a necessidade de ter um cuidado extremo com o texto para não deixar passar nenhum termo que denunciasse as posições revolucionárias defendidas pelo autor. Esse esmero teve duas consequências. A primeira foi a aparição da ideia de revolução no contexto da produção, e não inserida na lógica de uma revolução social. Em segundo lugar, para driblar o Código Penal, que criminalizava qualquer tentativa de incitar o ódio de classes entre a população, Marx foi obrigado a retirar qualquer menção ao conceito de *classe*, ainda que este fosse fundamental em sua perspectiva histórica e política.

Como resultado de todos esses fatores enunciados (ser o único texto de síntese do método marxiano de análise histórica publicado até as primeiras décadas do século XX e ter os problemas – associados à tentativa de escapar da censura – de usar uma metáfora pouco representativa, apresentar uma dinâmica de desenvolvimento histórico mecanicista e não enfatizar o papel das classes), o texto do "Prefácio de 1859" acabou sendo utilizado como base para as interpretações escolásticas do marxismo vulgar, que transformou a forma como Marx via a história num cânone que garantia respostas sem qualquer esforço investigativo.

Outros textos escritos por Marx em meados do século XIX mostram uma perspectiva muito diferente e mais coerente com aquela descrita em *A ideologia alemã* ou utilizada para analisar a realidade em *O 18 Brumário*, por exemplo. Como parte de seus estudos no Museu Britânico, Marx escreveu uma série de cadernos que ficaram conhecidos como *Esboços de uma crítica da economia política*, mais conhecidos pelo termo alemão *Grundrisse*, traduzido como "fundamentos".

> *Para os economistas [...] a produção deve ser representada – veja, por exemplo, Mill –, à diferença da distribuição etc., como enquadrada em*

Fábio Frizzo

> *leis naturais eternas, independentes da história, oportunidade em que as relações **burguesas** são furtivamente contrabandeadas como irrevogáveis leis naturais da sociedade in abstracto. [...] deve ser possível também nesse caso [...] destacar as determinações em comum e, da mesma forma, confundir ou extinguir todas as diferenças históricas em leis **humanas** gerais.* (Marx, 2011b, p. 42-43, grifo do original)

Ao criticar os economistas clássicos por identificarem relações sociais típicas da sociedade burguesa como constantes invariáveis na história humana, Marx mostra perfeitamente o que chamamos de *historicidade radical* de seu pensamento. Nesse sentido, nega a ideia de leis naturais ou gerais anistóricas, como queriam demonstrar aqueles autores afiliados à filosofia da história.

Em seus cadernos de estudo, Marx ainda expressa, de forma bastante elaborada, seu método de investigação ao criticar a metodologia utilizada pelos economistas por sua falta de historicidade:

> *Por conseguinte, a abstração mais simples, que a Economia moderna coloca no primeiro plano e que exprime uma relação muito antiga e válida para todas as formas de sociedade, tal abstração só aparece verdadeira na prática como categoria da sociedade mais moderna. [...] Esse exemplo do trabalho mostra com clareza como as próprias categorias mais abstratas, apesar de sua validade para todas as épocas – justamente por causa de sua abstração –, na determinabilidade dessa própria abstração, são igualmente produto de relações históricas e têm sua plena validade só para essas relações e no interior delas.*

> *A sociedade burguesa é a mais desenvolvida e diversificada organização histórica da produção. Por essa razão, as categorias que expressam suas relações e a compreensão de sua estrutura permitem simultaneamente compreender a organização e as relações de produção de todas as formas*

> *de sociedade desaparecidas, com cujos escombros e elementos edificou-se, parte dos quais ainda carrega consigo como resíduos não superados, parte [que] nela se desenvolvem de meros indícios em significações plenas etc. A anatomia do ser humano é uma chave para a anatomia do macaco. [...] O assim chamado desenvolvimento histórico se baseia sobretudo no fato de que a última forma considera as formas precedentes como etapas até si mesma, e as concebe sempre unilateralmente, uma vez que raramente critica a si mesma, do que é capaz apenas em condições muito determinadas – e aqui naturalmente não se trata daqueles períodos históricos que parecem a si mesmos como épocas de decadência.* (Marx, 2011b, p. 58-59)

Esse trecho mostra a preocupação em historicizar as próprias categorias conceituais utilizadas na produção do conhecimento. Partindo da crítica dos economistas, que analisam o passado impondo a ele formas que lhe são externas e anacrônicas, Marx deixa claro que o conhecimento histórico só pode ser retrospectivo, ou seja, sempre parte das formas presentes de ver o mundo para tentar explicar o passado. Isso, todavia, não significa necessariamente atribuir ao passado uma lógica anacrônica, mas considerar que determinadas categorias atuais devem servir como balizas para orientar a pesquisa.

O exemplo que Marx discute na citação é o conceito de *trabalho*. Como categoria abstrata, ele pode ser encontrado em qualquer sociedade, justamente pelo seu caráter abstrato não determinado por qualquer condição específica a uma ou outra realidade contextual. O conceito de *classe social*, bem mais utilizado pela historiografia marxista, entretanto, servir-nos-á para compreender melhor essa questão.

Outra crítica comum que a análise marxista da história recebe é a **tentativa de imposição do conceito de classe** a sociedades que não o utilizavam para compreender o mundo. Isso significa dizer, por exemplo, que a categoria *classe* não poderia ser usada para o estudo das sociedades antigas e medievais, nas quais os grupos sociais se identificavam (e assim expressavam nas fontes) a partir de recortes religiosos e jurídicos, muito mais do que por sua inserção no "processo real de produção".

Somente na sociedade contemporânea foi possível que os diferentes grupos se identificassem a partir de seus interesses de classe, ou seja, de sua posição na produção. Logo, partindo do uso desse conceito de classe como ferramenta de análise, historiadores marxistas podem mostrar como a sociedade antiga ou medieval estava também organizada pela lógica da exploração de uma classe dominante sobre o trabalho das classes subalternas.

Dito de forma mais ilustrativa, o fato de determinadas sociedades não diferenciarem a cor azul-escura da azul-clara (tendo apenas um conceito para as duas cores) não significa que elas não usassem tais cores. Somente partindo de uma realidade em que exista diferença entre os dois tons de azul podemos olhar para trás e identificar as cores azul-escura e azul-clara, mesmo nas representações artísticas de sociedades que não conheciam essa distinção por meio desses conceitos específicos.

No final do último trecho citado, Marx mostra sua compreensão acerca do trabalho historiográfico, afirmando que determinado presente constrói sua história, normalmente, a fim de justificá-lo como conclusão das etapas do passado. Vimos em nosso primeiro capítulo que essa pode ser considerada uma perspectiva teleológica. O autor, todavia, indicou que essa construção poderia ser utilizada também para criticar a sociedade atual e era dessa maneira que funcionava seu método. A história surge para demonstrar a diferença, ao contrário dos economistas, que a notam sempre igual. Consequentemente, passou a ser possível observar criticamente o mundo em que vivemos e buscar modificá-lo mediante nossa prática social.

Em 1867, Marx publicou sua obra magna: *O capital*. Embora não seja um livro de história, há nele a mais madura análise historiográfica feita pelo autor. No contexto da crítica da economia política que lhe era atual, Marx buscou explicar o funcionamento do capitalismo. Para isso, teve de estudar, entre muitas coisas, sua origem. Desse processo surgiu o Capítulo 24 do primeiro volume, dedicado a compreender "a assim chamada acumulação primitiva".

Partindo da análise das ações das diferentes classes no processo real de produção, Marx mostrou a ligação entre a expropriação das terras dos camponeses ingleses e a gênese do mercado para o capital industrial. Para isso, demonstrou que a imposição da organização social capitalista demandou a utilização de mecanismos políticos, jurídicos e ideológicos de coerção estatal, não podendo ser entendida como uma simples consequência de um processo econômico. A complexidade da análise nega as interpretações vulgares e mecanicistas baseadas no "Prefácio de 1859", nas quais só importaria compreender o progresso da economia, determinante das formas superestruturais.

> *Na história da acumulação primitiva, o que faz época são todos os revolucionamentos que servem de alavanca à classe capitalista em formação, mas, acima de tudo, os momentos em que grandes massas humanas são despojadas súbita e violentamente de seus meios de subsistência e lançadas no mercado de trabalho como proletários absolutamente livres. A expropriação da terra que antes pertencia ao produtor rural, ao camponês, constitui a base de todo o processo. Sua história assume tonalidades distintas nos diversos países e percorre as várias fases em sucessão diversa e em diferentes épocas históricas. Apenas na Inglaterra, e por isso*

tomamos esse país como exemplo, tal expropriação se apresenta em sua forma clássica. (Marx, 2013, p. 787-788)

Marx fez questão de ressaltar que, diferentemente da imposição de uma forma de desenvolvimento histórico a outras realidades, a acumulação primitiva ocorria de maneiras diferentes em países e épocas distintas. Visando a analisar a especificidade do processo inglês, o autor utilizou vasta bibliografia secundária e fontes primárias, garantindo a qualidade de seu trabalho historiográfico.

Mas, se mesmo após o problemático texto do "Prefácio de 1859" Marx formulou, no Capítulo 24 de *O capital*, um exemplo perfeito de seu método materialista histórico de análise, o que explica que as leituras vulgares tenham se difundido tanto, a ponto de se tornarem hegemônicas? A resposta para isso está nas próprias disputas históricas. Com a mudança de linha política do Partido Social Democrata alemão para uma perspectiva reformista e o abandono da via revolucionária, a vertente de que a verdadeira revolução estaria no desenvolvimento das forças produtivas (técnicas e tecnológicas) começou a ganhar força. Segundo Fontana (2004, p. 217), os partidos ligados à Segunda Internacional aliaram a retórica revolucionária à interpretação evolucionista e reformista do Partido Social Democrata para manter a militância e afastar os grupos radicais da disputa pela estratégia política.

Nomes como Paul Lafargue, Karl Kautsky e Georgi Plekhanov buscaram transformar o método marxiano de análise numa doutrina científica. Isso garantia o convencimento dos militantes por meio da argumentação de que as leis da história estavam a seu favor e que a vitória era inelutável. Consequentemente, as sofisticadas ferramentas de compreensão desenvolvidas por Marx foram se tornando um cânone de verdades que asseguravam respostas prontas sem o esforço da análise real.

Esse cenário foi descrito como o momento de invenção do marxismo, na virada do século XIX para o XX, quando o trabalho de Marx e Engels transformou-se em doutrina. As leituras do marxismo vulgar e mecanicista tomaram uma dimensão gigantesca após a Revolução Russa. Com a necessidade de divulgar os princípios que orientavam o modelo instituído pela Revolução de 1917, o governo fomentou a publicação de manuais que simplificavam os argumentos marxianos para exposição didática em títulos como *O ABC do comunismo*, de Nikolai Bukharin e Ievguêni Preobrazhenski, e *A teoria do materialismo histórico: manual popular*, também de Bukharin.

A situação piorou com a chegada de Stalin ao poder e sua determinação, em 1931, de que os historiadores deveriam enquadrar-se na política assumida pelo partido, produzindo reelaborações da história para legitimar tais políticas. Com as perseguições do regime, as análises do desenvolvimento histórico de toda a realidade humana tiveram de se restringir ao modelo esquemático definido por aquele dirigente.

Antes de sua morte, o próprio Marx alertou acerca das interpretações erradas de sua obra, que visavam enquadrar à força a imensa variedade de experiências históricas em formatos ligados a uma lei do desenvolvimento linear dos modos de produção mais próxima de uma filosofia da história do que do materialismo histórico.

Engels também demonstrou insatisfação com as leituras reducionistas de sua obra com Marx. Em cartas nos anos finais de sua vida, ele se dedicou a corrigir interpretações deturpadoras. Três cartas escritas no ano de 1890, em especial, têm fragmentos interessantes no sentido de esclarecer elementos do método. Em 5 de julho, ele se dirigiu a Paul Ernest dizendo: "Eu devo lhe falar, desde o início, que o método materialista está convertido no seu oposto se, ao invés de ser usado como fio condutor para uma pesquisa histórica, ele é feito para servir como padrão pronto para modelar fatos históricos" (Engels, 1890c, tradução nossa).

Além de criticar o uso de um esquema mecanicista de desenvolvimento histórico em vez da análise concreta, Engels também fez questão de esclarecer a questão da relação entre a economia e as demais esferas da vida, indicando onde, na obra marxiana, seria possível perceber a complexidade da realidade social e apontando um possível motivo para a deturpação da obra. Primeiro, escreveu a J. Bloch:

> *De acordo com a concepção materialista da história, a produção e reprodução da vida real constitui em última instância o fator determinante da história. Nem Marx nem eu jamais sustentamos mais. Agora, quando alguém aparece e distorce isso para significar que o fator econômico é o único fator determinante, ele está convertendo a proposição anterior em uma frase sem sentido, abstrata e absurda. A situação econômica é a base, mas os vários fatores da superestrutura – as formas políticas da luta de classes e seus resultados – constituições etc., estabelecidos pelas classes vitoriosas após batalhas duramente vencidas – formas legais, e mesmo os reflexos de todas essas lutas reais no cérebro dos participantes, teorias políticas, jurídicas e filosóficas, concepções religiosas e seus desenvolvimentos posteriores em dogmas sistemáticos –, tudo isso exerce uma influência sobre o curso das lutas históricas e em muitos casos determina para a maior parte sua forma. Há uma reciprocidade entre todos esses fatores na qual, finalmente, por uma infinidade de contingências [...] o econômico se afirma como necessário. Se não fosse esse o caso, a aplicação da história a qualquer período histórico dado seria mais fácil do que a solução de uma simples equação de primeiro grau.*
>
> *[...]*

Marx e eu somos parcialmente responsáveis pelo fato de que, por vezes, nossos discípulos colocaram maior peso sobre o fator econômico do que pertence a ele. Nós fomos compelidos a enfatizar esse princípio fundamental em oposição aos nossos oponentes que o negavam, e não era o tempo, o lugar e a ocasião para fazer justiça aos outros fatores na interação recíproca. Mas tão logo isso foi assunto de uma apresentação de um capítulo histórico, isto é, de aplicação prática, as coisas se tornaram bastante diferentes; ali nenhum erro era possível. (Engels, 1890b, tradução nossa)

Em seguida, recomendou a Conrad Schmidt:

Se Barth imagina que nós negamos toda e qualquer retroação política etc., reflexos do movimento econômico sobre o movimento em si, ele está simplesmente lutando contra moinhos. Ele deveria ao menos tomar um trecho do 18 Brumário *de Marx, que praticamente se restringe ao tratamento do papel especial que as lutas políticas e eventos desempenham, naturalmente na esfera de sua dependência geral das condições econômicas; ou, no* Capital, *e.g, a seção sobre o dia do trabalho, em que a legislação, que certamente é um ato político, opera tão decisivamente; ou a seção sobre a história da burguesia (Cap. 24). Por que mais estaríamos lutando pela ditadura do proletariado, se o poder político não tem efeitos econômicos? Força (i.e., o poder estatal) é também um poder econômico!* (Engels, 1890a, tradução nossa)

Do ponto de vista da produção historiográfica que lhes era contemporânea, Marx e Engels, embora ávidos leitores, eram, no geral, críticos mordazes. Eles entendiam que os eventos, as narrativas, o tipo dos documentos utilizados e a metodologia de análise proposta pelos historiadores institucionais tinham pouca validade para entender a história.

No sentido de propor uma nova visão sobre o passado, Hobsbawm (1998) afirmou que a maior contribuição de Marx e Engels veio pela aproximação entre a história e outras ciências sociais, como a economia e a antropologia. A partir disso, os dois autores estiveram interessados basicamente em compreender os elementos explicativos centrais das dinâmicas de modificação histórica.

Embora não tenham sido historiadores institucionalizados ou mesmo preocupados em redigir grandes obras historiográficas originais, com ampla base documental, Marx e Engels desenvolveram uma metodologia de análise que, segundo Fontana (1998), congregou três elementos básicos. O primeiro foi a compreensão de que uma visão do passado estava sempre ligada a uma explicação do presente e um projeto de futuro – o que era bem diferente da interpretação da historiografia acadêmica, que escondia esse vínculo, ou mesmo da lógica, desenvolvida por Ranke, do passado como legitimação do presente. O segundo foi a percepção de que a evolução humana se baseava no processo real de produção. Por fim, o terceiro consistiu na ideia de interação entre o desenvolvimento das forças produtivas e as relações de produção. Com base nesses três elementos, foi possível aos autores entender que o passado, embora explicasse o presente, não necessariamente o legitimava, mas poderia ser usado também como ferramenta de crítica e construção da revolução por meio da prática social e do protagonismo dos trabalhadores e trabalhadoras.

Hobsbawm (1998) considera ainda que não havia na obra de Marx uma síntese sobre sua visão histórica em conjunto com uma aplicação historiográfica por três motivos: 1) a dificuldade do autor em concluir projetos literários; 2) a evolução de suas próprias concepções até o momento de sua morte, fazendo com que ele não tivesse tido tempo para sintetizá-las de forma organizada; e 3) a forma retrospectiva do estudo da história, que estava sempre ligada ao seu uso no presente e partindo de suas categorias.

Por fim, independentemente de não ter sido um historiador institucionalizado ou mesmo de não ter elaborado obras densas de análise historiográfica, Marx tem papel fundamental para a história, como afirmou Marc Bloch (2011, p. 139):

> Tenho pela obra de Karl Marx a mais viva admiração pessoal. O homem era, temo eu, insuportável; um filósofo menos original, sem dúvida, do que pretenderam pintá-lo, mas como analista social ninguém teve maior potência. Se algum dia os historiadores adeptos de uma ciência renovada resolverem construir uma galeria de precursores, o busto barbudo do velho profeta renano ganharia um lugar na primeira fila da capela da corporação.

Síntese

Os trabalhos de Marx e Engels foram alguns dos primeiros a criticar a realidade social de seu tempo, associando isso ao uso que o passado tinha na justificativa da organização da sociedade e da produção. A tradição marxista surgiu associada diretamente à defesa de uma historicidade radical, na qual cada sociedade elaborava sua visão de mundo conectada à forma de organizar sua produção e reprodução social.

Para o materialismo histórico, consequentemente, historiadores e historiadoras estão sempre inseridos em determinado contexto, marcado pelo conflito entre classes sociais, e seus trabalhos devem ser analisados partindo-se desse pressuposto. Tal perspectiva uniu a produção teórica e historiográfica à vida prática, desvelando o papel que os analistas profissionais do passado têm na sociedade e devem reivindicar para a mudança social.

Atividades de autoavaliação

1. Um dos elementos que diferenciam o materialismo histórico das outras perspectivas desenvolvidas no século XIX para compreender o passado é a unidade radical entre teoria e prática. Assinale a alternativa que explica corretamente essa unificação:
    a) O fundamento dessa unidade está na historicidade radical, que enquadra os produtos intelectuais da filosofia e da história como elaborações de agentes inseridos nos conflitos da sociedade.
    b) A unificação teórico-prática de Marx foi a forma encontrada por ele para construir um método que baseia a teoria historiográfica inteiramente no trabalho prático com a documentação.
    c) A radicalidade da unificação entre teoria e prática está no chamado de Marx para que todos os historiadores fossem agentes do proletariado contra a burguesia.
    d) A historiografia tradicional do século XIX separava a teoria da prática ao compreender que o trabalho historiográfico era uma função especializada.

2. Marx e Engels não desconheciam as inovações historiográficas que estavam sendo propostas pelos historicistas na Alemanha, bem como conheciam de maneira bastante profunda as elaborações das filosofias da história do século anterior. Assinale a alternativa que demonstra corretamente uma crítica feita pelos autores à historiografia historicista:

a) A principal crítica elaborada por Marx e Engels era a excessiva concentração nos recortes do Estado-nação.

b) Marx e Engels criticaram principalmente o trabalho historiográfico focado apenas no uso de documentação escrita, sugerindo a análise de outras formas de registro do passado.

c) Os autores criticaram a concentração nas ações, por exemplo, dos príncipes, dos Estados e das lutas religiosas, porque compravam o discurso das fontes, obscurecendo o papel da organização da produção e reprodução da vida material.

d) Como revolucionários, a principal crítica elaborada por Marx e Engels era contra a perspectiva de neutralidade e o não envolvimento dos historiadores em questões políticas.

3. Com o materialismo histórico, Marx e Engels elaboraram o conceito de modo de produção para auxiliar na explicação do funcionamento das diferentes experiências histórico-sociais. Segundo os autores, a mudança das formas de nos relacionarmos entre nós e com a natureza na reprodução de nossa vida levaria a uma modificação na organização da sociedade. Assinale a alternativa correta sobre o conceito de modo de produção:

a) O conceito de modo de produção foi a forma encontrada pelo marxismo para incluir o progresso unilinear em sua explicação histórica, marcada por uma sucessão fixa de formas de produção na linha do progresso histórico.

b) O modo de produção está relacionado apenas a aspectos econômicos, que determinariam os aspectos jurídicos, políticos e religiosos. Estes, por sua vez, não teriam influência na economia.

c) A perspectiva marxiana do modo de produção é uma ferramenta teórica para interpretar qualquer realidade política no contexto da subversão da ordem e da construção de uma revolução social.

d) As diferentes formas de produção e reprodução da vida são compostas por determinantes concretos, como as forças produtivas, e relações humanas ligadas à vida social, chamadas de *relação de produção*.

4. O historiador catalão Josep Fontana (1998) propôs uma síntese dos três elementos estruturantes da metodologia de análise proposta pelo materialismo histórico desenvolvido por Marx e Engels. Analise as assertivas a seguir sobre esse tema.

    I) A perspectiva do marxismo manteve a inviolabilidade da linha temporal, mostrando que todo relato do passado está ligado a uma explicação do presente e a um projeto político de futuro.

    II) Um dos elementos básicos do marxismo é o chamado *determinismo*, que aponta para uma relação mecânica entre economia, por um lado, e cultura, por outro.

    III) Marx e Engels partiram da ideia de que a evolução humana na história estava ligada ao que eles chamaram de *processo real de produção*.

IV) Um elemento estruturante do pensamento histórico do marxismo é a relação entre o desenvolvimento das forças produtivas e as relações humanas de produção.

Agora, assinale a alternativa correta:

a) Apenas as assertivas I, II e III são verdadeiras.
b) Apenas as assertivas I e IV são verdadeiras.
c) Todas as assertivas são verdadeiras.
d) Apenas as assertivas I, III e IV são verdadeiras.

5. Um dos conceitos fundamentais da análise materialista histórica é a classe social, relacionada ao papel desempenhado pelos diferentes grupos na produção material de suas vidas e de suas sociedades. Sobre a aplicação do conceito de classe social à análise do passado, assinale a alternativa correta:

a) O conceito de classe social só deve ser utilizado como ferramenta de análise da sociedade capitalista, momento histórico no qual as classes se identificam e expressam seus conflitos em luta.

b) O uso conceitual da classe social demonstra-se inadequado para a análise das sociedades estamentais, nas quais a diferenciação social está relacionada somente a representações ideológicas.

c) Classe social é uma ferramenta de análise aplicável ao estudo de qualquer sociedade na qual exista exploração do trabalho de um grupo por outro.

Fábio Frizzo

d) A utilização do conceito de classe social deve ser determinada pela presença explícita ou não dele na documentação primária. A inexistência de referência à luta de classes nas fontes torna sua aplicação dispensável.

Atividades de aprendizagem

Questões para reflexão

1. O pensamento histórico marxiano desvelou o papel que a história deveria ter no desenvolvimento social. Explique a proposta de Marx sobre qual deveria ser a tarefa da história.

2. O pensamento histórico desenvolvido por Marx e Engels se solidificou no conceito de materialismo histórico. Explique esse conceito.

3. Um dos textos escritos por Marx mais lidos e criticados é seu famoso prefácio de *Para a crítica da economia política*, publicado em 1859, no qual o autor expõe uma síntese da sua forma de pensar o desenvolvimento histórico. Explique os problemas presentes nesse texto e sua interpretação posterior.

Atividade aplicada: prática

1. Elabore um plano de aula voltado ao trabalho com alunos do ensino médio em que se discuta qualquer conteúdo específico da disciplina de História por meio da análise do materialismo histórico. Considere que a aula deve ter a duração de 50 minutos.

Considerações finais

Chegamos ao momento em que é importante retornar às questões propostas na introdução deste trabalho. Por quais motivos devemos estudar especificamente a história do pensamento histórico construído no século XIX? Quais os usos que essa maneira específica de encarar e registrar nossas ações no tempo teve em nossa sociedade?

A escolha do século XIX não foi, obviamente, arbitrária. Mais do que o momento de institucionalização das características do trabalho profissional de construção dos relatos historiográficos, a compreensão do tipo de relação com o passado que culminou nos anos de 1800 refere-se à consolidação de uma forma específica de produção, reprodução e estruturação da sociedade.

O capitalismo e a organização social burguesa chegaram à sua maturidade no século XIX, após um processo de constituição que durou alguns séculos. Seguindo uma conjuntura de revoluções sociais, a burguesia saiu vitoriosa na disputa pela hegemonia social contra a aristocracia. Isso consagrou uma nova visão de mundo, composta por uma descrição do passado que justificava uma explicação das desigualdades do presente e um projeto de futuro. Consequentemente, a história tinha um papel central.

O historiador francês François Hartog (2014) apontou o ano de 1789 como o momento-chave no qual foi aberta uma brecha do tempo, levando à mudança no que ele chamou de *regime de historicidade*, ou seja, a forma como determinada sociedade trata o seu passado e do seu passado.

As transformações sociais iniciadas numa parte específica da Europa resultaram na reconstrução da memória coletiva em disputa, utilizada para guiar a ação dos distintos grupos da sociedade. Até o século XVIII, a forma hegemônica de lidar com as ações humanas no eixo temporal havia sido guiada pela perspectiva religiosa da teologia da história, orientada segundo a vontade divina. A relação entre passado, presente e futuro estava marcada pela escatologia e pela ideia fixa de que o fim dos tempos estava próximo. Essa lógica começou a mudar com o humanismo, mas as diferenças se consolidaram nas distintas filosofias da história.

Com a ascensão da formação social burguesa, as obras historiográficas assumiram propósitos bem definidos, estabelecendo uma lógica axial na experiência temporal humana marcada pelo conceito linear e vetorial de progresso. O historiador alemão Reinhart Koselleck (2006) exemplificou essa mudança por meio da substituição, na Alemanha, do conceito de *historie* (relato narrativo de experiências utilizadas para instruir por meio do exemplo) pelo de *geschichte* (algo que ocorreu em si, mais do que um relato do transcorrido). Esse novo termo surgiu no bojo da filosofia da história e, partindo do progresso, reestruturou a relação entre passado, presente e futuro. Se até então o futuro poderia repetir o passado, que lhe servia como guia de experiências, a partir da Revolução Francesa o porvir seria uma superação das experiências anteriores. O progresso criou um novo horizonte de expectativas, cada vez mais distante do espaço das experiências já conhecidas pela humanidade.

A perspectiva progressiva do tempo, estabelecida pelas diferentes filosofias da história, levou a explicações da trajetória humana marcadas pela lógica da superação de estágios sequenciais, que acabavam por estabelecer o futuro como o momento de concretização dos projetos sociais defendidos pela burguesia, como o livre comércio ou as garantias liberais individuais.

Entre o final do século XVIII e o início do XIX, a Europa foi atravessada por conflitos sociais, derrubadas de regimes, invasões estrangeiras e revoltas. Nesse contexto, a burguesia assumiu a hegemonia e buscou desenvolver uma nova identidade social, cimentada no conceito particularista de nação, opondo-se ao universalismo iluminista. A história foi fundamental nesse processo, elaborando e difundindo as tradições nacionais e fincando suas raízes no passado, de maneira a naturalizar as características entendidas como os "espíritos" dos povos.

A importância da história para a estruturação da nova organização social foi tão grande que levou aos primeiros passos de sua institucionalização como disciplina. Os Estados nacionais passaram a investir na organização de arquivos, na publicação de coletâneas de fontes, nas sociedades de pesquisa e em alguns postos em universidades.

A institucionalização da história como campo acadêmico concretizou-se sobre a base filosófica do romantismo, mas ligada diretamente à afirmação do domínio burguês sobre o Estado e à consolidação da nova visão de mundo liberal, cimentada nas identidades nacionais. A história agora aparecia como uma ciência objetiva, desconectada da justificativa de um projeto de organização social e de sua manutenção no futuro.

Como vimos, o historiador catalão Josep Fontana (1998) demonstrou que determinado grupo social defende, na luta pela hegemonia, uma visão de mundo homogênea, composta por um relato do passado que justifica o presente e indica um projeto de futuro. Ao conquistar seus objetivos, todavia, essa visão de mundo é desmembrada e a história passa a aparecer desconectada do presente e do futuro, rompendo o contínuo temporal. Esse rompimento foi observado por Koselleck (2006), segundo o qual a perspectiva moderna de história, baseada no progresso, criou uma separação crescente entre o espaço de experiência (passado) e o horizonte de expectativa (futuro).

O rompimento do contínuo passado-presente-futuro naturalizou as relações sociais estabelecidas com a formação burguesa. A institucionalização da história deu a ela o caráter aparente de ciência objetiva, desvinculada do presente, embora a ligação entre os historiadores profissionais e o Estado-nação fosse absolutamente clara.

A identificação entre Estado, povo e nação, estabelecida pelas construções historiográficas, levou à compreensão da história como relato das ações dos agentes estatais, como governantes, militares ou embaixadores, ainda que estes aparecessem como encarnações dos espíritos nacionais.

Koselleck (2006) identificou bem que a superação do afastamento entre o passado e o futuro seria tarefa da ação política e que a base disso seria uma historiografia crítica, atenta tanto às continuidades estruturais quanto às mudanças cada vez mais constantes (características da aceleração do tempo). Esse tipo de historiografia crítica se desenhava ainda no século XIX, com o materialismo histórico de Marx e Engels, que buscou unificar teoria e prática e estabelecer uma historicidade radical, na qual os próprios intelectuais deveriam ser vistos como agentes em defesa de uma visão de mundo ligada a um grupo social.

Para além das disputas sociais referentes às batalhas pela hegemonia de uma ou outra visão de mundo, a história do pensamento histórico institucionalizado no século XIX foi atravessada também pelas disputas de espaço e poder dentro da academia, num contexto de reformas e expansões das estruturas universitárias.

Muitos foram os fatores que estiveram ligados à constituição do pensamento histórico do século XIX e, consequentemente, à afirmação da forma burguesa de organização social à qual tal pensamento esteve ligado desde suas raízes. A expansão violenta do capitalismo pelo globo nos anos de 1800 esteve acompanhada inseparavelmente da difusão do regime de historicidade descrito neste livro. Dessa maneira, uma concepção de história especificamente europeia e eurocêntrica tornou-se hegemônica no mundo todo sob a justificativa da superioridade e da objetividade da metodologia científica na construção dos relatos do passado.

É cada vez mais necessário buscar a construção de uma história plural e crítica desse eurocentrismo. É preciso compreender que uma realidade social mais justa demanda um ou mais novos regimes de historicidade que orientem novos grupos sociais com vistas ao seu protagonismo. Mas tratar desse assunto é função de outros livros. Nossa tarefa resumiu-se à apresentação crítica do pensamento histórico instituído no século XIX e seus usos sociais.

Fábio Frizzo

Referências

ABBATTISTA, G. The Historical Thought of the French Philosophes. In: RABASA, J. et al. (Ed.). **The Oxford History of Historical Writing**. Oxford: Oxford University Press, 2012. p. 406-427. v. 3: 1400-1800.

ALTHOLZ, J. L. Lord Acton and the Plan of the Cambridge Modern History. **The Historical Journal**, v. 39, n. 3, p. 723-736, Sept. 1996.

ARÓSTEGUI, J. **A pesquisa histórica**: teoria e método. Bauru: Edusc, 2006.

BARROS, J. D'A. **Teoria da história**. Petrópolis: Vozes, 2011. v. II: Os primeiros paradigmas: positivismo e historicismo.

BLOCH, M. **A estranha derrota**. Tradução de Eliana Aguiar. Rio de Janeiro: J. Zahar, 2011.

_____. **Apologia da história ou o ofício de historiador**. Tradução de André Telles. Rio de Janeiro: J. Zahar, 2001.

BOURDÉ, G.; MARTIN, H. **As escolas históricas**. Tradução de Ana Rabaça. Mem Martins: Europa-América, 1990. (Coleção Fórum da História, v. 4).

BRANDÃO, R.; PEREIRA FILHO, A. J. **História e filosofia**: uma introdução às reflexões filosóficas sobre a história. Curitiba: InterSaberes, 2013. (Série Estudos de Filosofia).

BURCKHARDT, J. História da cultura grega: introdução (1872). In: MARTINS, E. de R. (Org.). **A história pensada**: teoria e método na historiografia europeia do século XIX. São Paulo: Contexto, 2010. p. 166-178.

CARDOSO, C. F. **Um historiador fala de teoria e metodologia**: ensaios. Bauru: Edusc, 2005.

CHILDE, V. G. **O que aconteceu na história**. Rio de Janeiro: Círculo do Livro, 1942.

CHLADENIUS, M. **Allgemeine Geschichtswissenschaft**. Leipzig: Friedrich Landisches Erben, 1752.

COELHO, E. A dialética na oficina do historiador: ideias arriscadas sobre algumas questões de método. **Revista História & Luta de Classes**, ano 6, n. 9, p. 7-16, jun. 2010.

COULANGES, F. **A cidade antiga**. Tradução de Frederico Ozanam Pessoa de Barros. São Paulo: Ed. das Américas, 2006. Ebook.

CROSSLEY, C. **French Historians and Romanticism**: Thierry, Guizot, The Saint-Simonians, Quinet, Michelet. London: Routledge, 2014.

DROYSEN, J. G. Arte e método (1868). In: MARTINS, E. de R. (Org.). **A história pensada**: teoria e método na historiografia europeia do século XIX. São Paulo: Contexto, 2010. p. 37-46.

ENGELS, F. **A Letter to Conrad Schmidt**. London, 27 Oct. 1890a. Disponível em: <https://www.marxists.org/history/etol/newspape/ni/vol01/no03/engels.htm>. Acesso em: 26 set. 2018.

_____. **A Letter to J. Bloch**. London, 21 Sept. 1890b. Disponível em: <https://www.marxists.org/history/etol/newspape/ni/vol01/no03/engels.htm>. Acesso em: 26 set. 2018.

ENGELS, F. **A revolução antes da revolução**: as guerras camponesas na Alemanha – revolução e contra-revolução na Alemanha. Tradução de Eduardo L. Nogueira e Conceição Jardim. São Paulo: Expressão Popular, 2008.

_____. **Engels to Paul Ernest**. 5 June 1890c. Disponível em: <https://www.marxists.org/archive/marx/works/1890/letters/90_06_05.htm>. Acesso em: 26 set. 2018.

FERGUSON, A. **An Essay on the History of Civil Society (1767)**. 5. ed. London: T. Cadell, 1782. Disponível em: <http://oll.libertyfund.org/titles/1428>. Acesso em: 5 jul. 2018.

FONTANA, J. **A história dos homens**. Tradução de Heloisa Jochims Reichel e Marcelo Fernando da Costa. Bauru: Edusc, 2004.

_____. **História**: análise do passado e projeto social. Tradução de Luiz Roncart. Bauru: Edusc, 1998.

FONTOURA, A. **Teoria da história**. Curitiba: InterSaberes, 2016.

FRERÉT, M. **Réflexions sur l'étude des anciennes histoires et sur le degré de certitude de leurs preuves**. Paris, 1744.

GIBBON, E. **The History of the Decline and Fall of the Roman Empire**. New York: Fred de Fau and Co., 1906.

GUINES, J. **Histoire générale des Huns, des Turcs, des Mongols et des autres Tartares occidentaux**. Paris: 1756-1758.

HARTOG, F. **Regimes de historicidade**: presentismo e experiências do tempo. Tradução de Andréa Souza de Menezes et al. Belo Horizonte: Autêntica, 2014. (Coleção História e Historiografia).

HEGEL, G. **A razão na história**: uma introdução geral à filosofia da história. Tradução de Beatriz Sidou. 2. ed. São Paulo: Centauro, 2001.

HERDER, J. G. **Também uma filosofia da história para a formação da humanidade**. Tradução de José M. Justo. Lisboa: Antígona, 1995.

HOBSBAWM, E. **Sobre história**. Tradução de Cid Knipel Moreira. São Paulo: Companhia das Letras, 1998.

HUMBOLDT, W. von. Sobre a tarefa do historiador (1821). In: MARTINS, E. de R. (Org.). **A história pensada**: teoria e método na historiografia europeia do século XIX. São Paulo: Contexto, 2010. p. 82-100.

KANT, I. **Ideia de uma história universal com um propósito cosmopolita**. Lisboa: LusoSofia, [S.d.]. Disponível em: <http://www.lusosofia.net/textos/kant_ideia_de_uma_historia_universal.pdf>. Acesso em: 26 set. 2018.

KOSELLECK, R. **Futuro passado**: contribuição à semântica dos tempos históricos. Tradução de Wilma Patrícia Maas e Carlos Almeida Pereira. Rio de Janeiro: Contraponto, 2006.

LEMOS, F. [Sobre reformas no sistema de ensino] Wilhelm von Humboldt. **Revista Brasileira de História da Educação**, v. 11, n. 1, p. 207-241, jan./abr. 2011. Disponível em: <http://www.periodicos.uem.br/ojs/index.php/rbhe/article/view/38512/20043>. Acesso em: 26 set. 2018.

MACINTYRE, S.; MAIGUASHCA, J.; POK, A. (Ed.). **The Oxford History of Historical Writing**. Oxford: Oxford University Press, 2011. v. 4: 1800-1945.

MARTINS, E. de R. (Org.). **A história pensada**: teoria e método na historiografia europeia do século XIX. São Paulo: Contexto, 2010.

MARX, K. **A guerra civil na França**. Tradução de Rubens Enderle. São Paulo: Boitempo, 2011a.

MARX, K. **Crítica da filosofia do direito de Hegel**. Tradução de Rubens Enderle e Leonardo de Deus. São Paulo: Boitempo, 2005.

_____. **Grundrisse**. Tradução de Mario Duayer e Nélio Schneider. São Paulo: Boitempo, 2011b.

_____. **Manuscritos econômico-filosóficos**. Tradução de Jesus Ranieri. São Paulo: Boitempo, 2004.

_____. **Miséria da filosofia**. São Paulo: Expressão Popular, 2009.

_____. **O 18 Brumário de Luís Bonaparte**. Tradução de Nélio Schneider. São Paulo: Boitempo, 2011c.

_____. **O capital**. Tradução de Rubens Enderle. São Paulo: Boitempo, 2013. v. I: O processo de produção do capital.

MARX, K.; ENGELS, F. **A ideologia alemã**. Tradução de Rubens Enderle, Nélio Schneider e Luciano Cavini Martorano. São Paulo: Boitempo, 2007.

_____. **Manifesto Comunista**. Tradução de Álvaro Pina. São Paulo: Boitempo, 1998.

_____. **Textos**. São Paulo: Edições Sociais, 1977. v. III.

MATA, S. da. Leopold von Ranke (1795-1886): apresentação. In: MARTINS, E. de R. (Org.). **A história pensada**: teoria e método na historiografia europeia do século XIX. São Paulo: Contexto, 2010. p. 187-201.

MEEK, R. L. Smith, Turgot, and the "Four Stages" Theory. **History of Political Economy**, v. 3, n. 1, p. 9-27, Mar. 1971.

MICHELET, J. **História da França**. Tradução de Luiz Fernando Serra Moura Correia. Rio de Janeiro: Luiz Fernando Correia, 2014. Tomo IV.

MOMMSEN, T. O ofício do historiador (discurso de posse na reitoria da Universidade de Berlim, 15 de outubro de 1874). In: MARTINS, E. de R. (Org.). **A história pensada**: teoria e método na historiografia europeia do século XIX. São Paulo: Contexto, 2010. p. 111-122.

MONTESQUIEU. **Considerations on the Causes of the Grandeur and Decadence of the Romans**. New York: D. Appleton and Company, 1882.

PANOFSKY, E. **Significado nas artes visuais**. Tradução de Maria Clara F. Kneese e J. Guinsburg. São Paulo: Perspectiva, 1976. (Coleção Debates).

POCOCK, J. O declínio e queda de Gibbon e a visão de mundo do final do Iluminismo. In: _____. **Linguagens do ideário político**. Tradução de Fábio Fernandez. São Paulo: Edusp, 2003. p. 167-202. (Coleção Clássicos, v. 25).

RANKE, L. von. O conceito de história universal (1831). In: MARTINS, E. de R. (Org.). **A história pensada**: teoria e método na historiografia europeia do século XIX. São Paulo: Contexto, 2010. p. 202-214.

REIS, J. C. **História da "consciência histórica" ocidental contemporânea**: Hegel, Nietzsche, Ricoeur. Belo Horizonte: Autêntica, 2013.

_____. **História e teoria**: historicismo, modernidade, temporalidade e verdade. 3. ed. Rio de Janeiro: Ed. da FGV, 2006.

ROBERTSON, W. **The History of the Reign of the Emperor Charles V**. London: W. & W. Strahan, 1769.

RÜSEN, J. **Razão histórica**: teoria da história – os fundamentos da ciência histórica. Tradução de Estevão de Rezende Martins. Brasília: Ed. da UnB, 2001.

SANTOS, P. M. S. A teologia da história: aspectos fundamentais. **Perspectiva Teológica**, Belo Horizonte, v. 43, n. 121, p. 411-423, set./dez. 2011. Disponível em: <http://faje.edu.br/periodicos/index.php/perspectiva/article/view/1484>. Acesso em: 26 set. 2018.

SARAMAGO, J. **A viagem do elefante**. São Paulo: Companhia das Letras, 2008.

SEIGNOBOS, C.; LANGLOIS, C.-V. **Introdução aos estudos históricos**. Tradução de Laerte de Almeida Moraes. São Paulo: Renascença, 1946.

SMITH, A. **A riqueza das nações**: investigação sobre sua natureza e suas causas. Tradução de Luiz João Baraúna. São Paulo: Abril Cultural, 1983. v. II. (Coleção os Economistas).

THOMPSON, E. **As peculiaridades dos ingleses e outros artigos**. Campinas: Ed. da Unicamp, 1998.

TREVOR-ROPER, H. **A formação da Europa cristã**: história ilustrada da Europa. Lisboa: Verbo, 1966.

VOLTAIRE. **Filosofia da história**. Tradução de Eduardo Brandão. São Paulo: M. Fontes, 2007. (Projeto Voltaire Vive).

WOOD, E. M. **Democracia contra capitalismo**: a renovação do materialismo histórico. Tradução de Paulo Cezar Castanheira. São Paulo: Boitempo, 2003.

Bibliografia comentada

BARROS, J. D'A. **Teoria da história**. Petrópolis: Vozes, 2011. v. II: Os primeiros paradigmas: positivismo e historicismo.

A obra faz parte de um conjunto de vários volumes dedicados a discussões teóricas e à história da historiografia. Nesse volume específico, o autor discute o surgimento da história institucionalizada e as primeiras grandes correntes historiográficas no século XVIII e, principalmente, XIX. Concentrando-se basicamente na Europa, Barros trabalha com a emergência da historiografia científica e o estabelecimento do que ele chama de *nova era historiográfica*, opondo basicamente dois grandes paradigmas de base nacional: de um lado, a perspectiva francesa que ele denomina, de maneira geral, de *positivismo*, mas que inclui também a escola metódica francesa; de outro, a tradição alemã do historicismo, em que inserem também algumas de suas ramificações, especialmente na Grã-Bretanha e nos Estados Unidos da América.

BOURDÉ, G.; MARTIN, H. **As escolas históricas**. Tradução de Ana Rabaça. Mem Martins: Europa-América, 1990. (Coleção Fórum da História, v.4).

Nesse livro, os autores se dedicam a analisar o pensamento histórico desde a Idade Média até fins da década de 1970, concentrando-se especialmente na produção francesa. A análise parte do nascimento da historiografia cristã medieval e conclui a observação desse período com as crônicas da nobreza laica. Já no tocante ao período moderno, a atenção dos autores é posta, primeiramente, nas diferentes filosofias da história com base nas obras de Kant, Hegel, Comte, Spengler e Toynbee. Entre os séculos XVII e XIX, são abordadas as historiografias eruditas de Mabillon e Fustel de Coulanges, além do trabalho de Michelet e autores da escola metódica, como Lavisse, Langlois e Seignobos. Já quanto aos anos de 1900, o livro traz a Escola dos *Annales*, dando destaque para Bloch, Febvre e Braudel, a chamada *Nova História*, herdeira dos *Annales*, e, por fim, uma discussão sobre marxismo, estruturalismo e pós-estruturalismo. Um dos elementos interessantes desse livro é a presença de "Documentos", ou seja, pequenos trechos referentes aos trabalhos elaborados pelas tradições historiográficas analisadas.

FONTANA, J. **História**: análise do passado e projeto social. Tradução de Luiz Roncart. Bauru: Edusc, 1998.

Nessa obra, o historiador catalão se dedica ao que ele entende por *teoria da história*, ou seja, o pensamento que orienta o trabalho dos historiadores e as ideias sociais subjacentes – em outras palavras, o projeto social no qual os historiadores estão inseridos. Para isso, Fontana faz um passeio pelas formas que a humanidade utilizou para escrever os relatos de seu passado desde a Antiguidade até o final do século XX. Trata-se de um trabalho de grande fôlego, que discute muitas perspectivas sobre a história que foram e ainda são influentes na produção de historiadores e historiadoras, considerando sempre os contextos sociais em que tais perspectivas foram produzidas e como eles determinam a construção do conhecimento.

FONTANA, J. **A história dos homens**. Tradução de Heloisa Jochims Reichel e Marcelo Fernando da Costa. Bauru: Edusc, 2004.

Escrito quase 20 anos após o título anterior, esse livro atualiza e amplia os debates expostos em *História: análise do passado e projeto social*. O autor manteve a preocupação de fazer uma história do pensamento histórico, associando a produção historiográfica ao projeto social defendido, conscientemente ou não, por seus autores. Fontana retoma, de maneira atualizada, várias das discussões que havia feito no outro trabalho e adiciona alguns movimentos do final do século XX aos quais havia dado menos atenção. Na tentativa de escrever uma história que seja de toda a humanidade, preocupada de maneira geral com a igualdade, o autor discute as dinâmicas de poder e o quanto elas interferem nas representações do passado. Por fim, busca enfrentar os desafios atuais de um ensino de História que dialoga pouco com a realidade dos e das estudantes, enfatizando a potencialidade política da aprendizagem histórica e das múltiplas visões sobre o que homens e mulheres viveram em sua trajetória.

Fábio Frizzo

HOBSBAWM, E. **Sobre história**. Tradução de Cid Knipel Moreira. São Paulo: Companhia das Letras, 1998.

> Trata-se de um conjunto de ensaios sobre historiografia e teoria da história elaborados por Eric Hobsbawm, que deve ter sido o historiador mais influente do século XX. Reunindo conferências e textos escritos para outros fins, o livro discute temas bastante variados acerca do trabalho daqueles que se dedicam a pesquisar o passado. A obra começa com debates acerca do sentido da história, de seu papel na sociedade e de sua possibilidade de prever o futuro, para, em seguida, discutir as relações entre história e economia e as contribuições da obra de Marx para a pesquisa historiográfica. Há ainda reflexões referentes a movimentos historiográficos, como a Escola dos *Annales*, o pós-modernismo, a história vista de baixo e a história do tempo presente.

KOSELLECK, R. **Futuro passado**: contribuição à semântica dos tempos históricos. Tradução de Wilma Patrícia Maas e Carlos Almeida Pereira. Rio de Janeiro: Contraponto, 2006

> O autor busca explicar as diferenças surgidas a partir da constituição da modernidade no campo da história e da historiografia, enfatizando as maneiras como passado e futuro eram compreendidos e as relações entre eles, com base em elementos como a história dos conceitos. A obra trata das formas de representação utilizadas na conformação das narrativas historiográficas, valorizando abordagens que destacam a semântica de determinados conceitos, especialmente na modernidade, sem se furtar a tocar em pontos polêmicos como as discussões

acerca da produção de historiadores e historiadoras na disputa pela memória de eventos traumáticos como o III Reich.

MACINTYRE, S.; MAIGUASHCA, J.; POK, A. (Ed.). **The Oxford History of Historical Writing**. Oxford: Oxford University Press, 2011. v. 4: 1800-1945

Embora escrita em língua inglesa, é importante citar essa obra por ser o esforço mais atual e mais completo no que se refere à história do pensamento histórico. Fazendo parte de um conjunto de cinco volumes organizados pela editora da Universidade de Oxford sobre o tema, o título reúne artigos de historiadores e historiadoras de todo o mundo, buscando traçar um panorama global das diferentes formas de se entender e expressar o passado. O primeiro volume é dedicado às narrativas historiográficas da Antiguidade até o ano 600, incluindo debates sobre o Antigo Oriente Próximo, historiadores helenistas e romanos, além das diferentes experiências chinesas e indianas. O segundo volume cobre a produção do milênio entre os anos 400 e 1400, abrangendo análises da historiografia da China, da Índia, da Coreia, da Etiópia, do Leste Europeu, de Bizâncio, de árabes, islâmicos e cristãos. O terceiro tomo é dedicado ao intervalo entre 1400 e 1800, valorizando experiências diversas, como as do Japão, da Coreia, da China, da Índia, da Pérsia, do Império Otomano, dos islâmicos, dos incas, das colônias americanas e inúmeras tradições europeias. O volume mais interessante para os temas abordados no livro é o quarto, dedicado ao período do século XIX até o fim da II Guerra Mundial. Além de discutir profundamente as inúmeras tradições ocidentais de profissionalização do trabalho historiográfico, a obra contempla uma vasta gama de historiadores e historiadoras do mundo inteiro (incluindo o Brasil), abordando as formas utilizadas em seus países para pesquisar o passado. O volume final repete as características dos anteriores, cobrindo o período posterior a 1945.

MARTINS, E. de R. (Org.). **A história pensada: teoria e método na historiografia europeia do século XIX**. São Paulo: Contexto, 2010.

Essa é uma das mais importantes obras recentes de análise da historiografia europeia do século XIX. É composta por pequenos ensaios acerca de inúmeros historiadores célebres, acompanhados de trechos selecionados de suas obras originais, traduzidos especialmente para compor esse volume. É uma fonte fundamental para o estudo do tema, considerando-se que muitos desses autores não tiveram suas obras traduzidas para o português. Dividido em três seções, o livro aborda a produção de nomes basilares para nossa concepção de ver o passado, como Carlyle, Droysen, Humboldt, Mommsen, Burckhardt, Ranke e Buckle.

Respostas

Capítulo 1

Atividades de autoavaliação
1. c
2. d
3. c
4. a
5. b

Atividades de aprendizagem
Questões para reflexão
1. A resposta deve demonstrar as relações de justificação estabelecidas entre a história, uma explicação das desigualdades do presente (chamada pelo autor de *economia política*) e um projeto de futuro.
2. A resposta deve indicar que o conceito de consciência histórica está ligado à organização das experiências no tempo, executada naturalmente pelos humanos como forma de guiar as ações cotidianas na direção de um objetivo futuro.

3. A resposta deve mostrar que teoria é um conjunto de proposições gerais acerca da realidade social usado para compreender um comportamento global da organização da sociedade humana, de maneira a demonstrar as conexões entre diferentes fenômenos. Método, por sua vez, é o conjunto de ações e normas utilizado para atingir os objetivos de uma pesquisa, sendo, muitas vezes, sancionado pela comunidade de pesquisadores.

Capítulo 2
Atividades de autoavaliação
1. b
2. a
3. b
4. d
5. d

Atividades de aprendizagem
Questões para reflexão
1. A resposta deve demonstrar que a história profana era marcada pelas contingências das ações humanas, ligadas aos conflitos entre potências terrestres e reinos e principados. A história sagrada, ao contrário, esteve associada à determinação divina do sentido geral da história.
2. A grande diferença entre as duas correntes de pensamento é o fato de que a filosofia da história não afirma a determinação divina como o sentido histórico. Por outro lado, a semelhança está justamente na manutenção de um sentido para a experiência temporal humana, ainda que este seja identificado

pelos filósofos da história com o progresso e sua condução inexorável do passado a um futuro determinado.
3. Hegel afirmava a existência de uma linha do progresso única em direção ao fim da história, caracterizado pela liberdade e pela razão. Nesse trajeto, a evolução estava marcada pelo início da civilização no Oriente, mas com seu pleno desenvolvimento na Europa a partir do mundo clássico. Dessa maneira, tal filosofia da história serviu como suporte para perspectivas que defendiam o papel civilizatório da Europa no contato com povos africanos e asiáticos, subjugando suas culturas em prol da difusão das tradições eurocêntricas.

Capítulo 3
Atividades de autoavaliação
1. c
2. a
3. b
4. c
5. a

Atividades de aprendizagem
Questões para reflexão
1. A resposta deve fazer referência às seguintes características, ressaltadas por Bourdé e Martin (1990): a) o culto aos registros escritos oficiais; b) a publicação de instrumentos que auxiliassem no trabalho com as fontes; e c) a elaboração de uma cronologia precisa por meio do trabalho com a documentação primária.
2. A resposta deve indicar que Michelet valorizava a exposição das verdades do passado de forma poética e imaginativa. Isso

tinha uma função no âmbito de sua perspectiva dos usos do passado. Uma vez que a função da história era criar o sentimento nacional, relatos atrativos seriam fundamentais para chamar atenção e educar o povo.
3. A resposta deve fazer referência às seguintes características: a) influência do liberalismo da Escola Escocesa; b) concepção progressiva da história, que desembocou na ascensão das formas de liberdade constitucional; c) explicação dos conflitos sociais pela oposição entre liberais e conservadores; e d) método de exposição que valorizava a narrativa romantizada.

Capítulo 4
Atividades de autoavaliação
1. b
2. d
3. a
4. c
5. d

Atividades de aprendizagem
Questões para reflexão
1. Embora tenha expulsado a determinação direta da divindade nas ações humanas, Ranke compreendeu que havia um fundamento divino subjacente à história, materializado na causalidade histórica que conectava fatos empíricos isolados.
2. O equívoco se difundiu a partir dos historiadores dos *Annales*, que associaram os metódicos ao positivismo no processo de crítica à geração que lhes era anterior, visando a aumentar o espaço para os *annalistes* nas universidades.

3. A resposta deve indicar que a metodologia de análise de documentos objetivava reintegrar a plenitude contextual do documento e estabelecer a veracidade de suas informações. Esse método era marcado pela crítica externa, executada com procedimentos preliminares ligados à erudição, e pela crítica interna, constituída por um raciocínio analógico que visava a reelaborar os estados psicológicos dos autores da documentação. Feito isso, era elaborada uma síntese com a comparação de documentos com vistas a preencher as lacunas deixadas pelos registros individuais. Por fim, arriscavam-se algumas interpretações superficiais.

Capítulo 5
Atividades de autoavaliação
1. a
2. c
3. d
4. d
5. c

Atividades de aprendizagem
Questões para reflexão
1. A resposta deve demonstrar que, para Marx, a história deveria ter uma tarefa crítica de desmascarar as interpretações equivocadas do desenvolvimento humano utilizadas para manter as desigualdades sociais.
2. A resposta deve indicar que a análise histórica deve compreender as relações sociais subjacentes às lógicas políticas e culturais expressas na documentação para alcançar o nível

da materialidade, ou seja, as formas de produção e reprodução social utilizadas nas relações entre humanos e a natureza.
3. A resposta deve apontar três grandes problemas: a) a identificação das relações de produção a uma base sobre a qual se erigiriam as formas jurídicas, políticas e culturais; b) a automação mecânica do desenvolvimento social, baseado unicamente na evolução da produção econômica; e c) a inexistência de referências às classes sociais.

Sobre o autor

Fábio Frizzo é doutor (2016) e mestre (2010) em História Social pelo Programa de Pós-Graduação em História da Universidade Federal Fluminense (UFF) e licenciado (2008) e bacharel (2008) em História pela mesma instituição. Foi *Visiting Scholar* no Netherlands Institute for the Near East (Nino), da Universiteit Leiden, na Holanda (2013-2014). Leciona em cursos universitários de História desde 2009, com experiência nas áreas de História Antiga, Ensino de História e Teoria e Metodologia da História.

Impressão:
Novembro/2018